Camino

Hacia la luz

Una Guía para Alcanzar el Éxito en Tu Caminar con Cristo.

Por Faby Perry M. Ed

Ilustrado por

Kora Woolley

Derechos de autor © 2024 por Faby Perry M. Ed.
Todos los derechos reservados.

Ninguna parte de este libro de ejercicios puede ser reproducida, distribuida o transmitida de ninguna manera ni por ningún medio, incluyendo fotocopias, grabaciones u otros métodos electrónicos o mecánicos, sin el permiso previo por escrito del editor, excepto en el caso de citas breves incorporadas en reseñas críticas y ciertos otros usos no comerciales permitidos por la ley de derechos de autor.

Para solicitar autorizaciones, envíe un correo electrónico a fabyperry@gmail.com.

Camino
Hacia la luz

Tabla de Contenidos

Capítulo 1 Descubriendo tu Valor en la luz Divina   17

Capítulo 2 Reconociendo tu Despertar en Cristo   23

Capítulo 3 Descubriendo tu Verdadera Identidad   29

Capítulo 4 Abrazando tu Nueva Identidad   35

Capítulo 5 Ya Sabes Quién Eres, ¿Ahora Qué?   43

Capítulo 6 Renovando tu Mente   51

Capítulo 7 El Costo de Caminar en la Luz   59

Capítulo 8 Cosas que Hacer antes de Comenzar tu Viaje   65

Capítulo 9 Construyendo Desde lo que Tienes   71

Capítulo 10 Una Vida con Propósito y Servicio   77

Capítulo 11 Anclado en la Fe   85

Capítulo 12 Tu Cuerpo como Templo   95

Capítulo 13 El Poder de la Palabra   105

Capítulo 14 El Poder de la Comunión   113

Capítulo 15 La Bendición de la Gratitud   119

Capítulo 16 Perseverancia en Cristo   125

Tabla de Contenidos

Capítulo 17 Atribulados en Todo, Mas No Angustiados   135

Capítulo 18 Sirviendo a Dos Maestros   141

Capítulo 19 Amar a Otros Como a Ti Mismo   149

Capítulo 20 Venciendo el Desánimo   157

Capítulo 21 Encontrando el Balance   165

Capítulo 22 Aprendiendo a Orar con Jesús   171

Capítulo 23 Mejorando Nuestra Vida de Oración   179

Capítulo 24 Conociendo a Jesús: El Pan de Vida   187

Capítulo 25 Conociendo a Jesús: La Luz del Mundo   193

Capítulo 26 Conociendo a Jesús: La Puerta   199

Capítulo 27 Conociendo a Jesús: El Buen Pastor   207

Capítulo 28 Conociendo a Jesús: La Resurrección y la Vida   213

Capítulo 29 Conociendo a Jesús: El Camino, la Verdad y la Vida   221

Capítulo 30 Conociendo a Jesús: La Vid Verdadera   227

Capítulo 31 El Reposo del Guerrero   233

Capítulo 32 La Promesa del Cielo   241

# Dedicación

Dedico este cuaderno de trabajo a todos aquellos que han sido parte de mi crecimiento en Cristo. Quiero expresar mi gratitud en primer lugar a mi Señor Dios Todopoderoso, a su palabra y a su Espíritu. Así como a mis padres, Nieves y Amado, por haberme enseñado tantas cosas y por haber creído siempre en mí. También agradezco a mis hermanos Amado, Juan, Gerardo y Gustavo por su constante amor incondicional.

A mi esposo Mark por su apoyo a través de los años y a mis hijos Sophia y William por enseñarme tantas lecciones. Estoy agradecida por los grandes maestros y mentores que me guiaron directa o indirectamente: Beverly Klatt, Bob and Jo Ann Walker, Bob y Kelly Brown, Bob y Myrt Davidson, José y Yamilet Quinones, Pedro y Luisa Andrade, Oswaldo Rodríguez, Julio y Cynthia Cedeño, Robert y Sybil Miranda, Vicente & Ginney Miranda, David Banning, Jeff Wilson, Randy y Nancy Tomlinson, Glenda Schales, Sandra Stewart, Jacques Giraud, David Méndez, Luis Gómez, Isabel Rosales, Jacobo Moron, Latoya Okeia y muchos otros que me ayudaron en el camino hacia la luz!

# Prefacio

Es un gozo leer la obra de Faby Perry, quien nos ha proporcionado un maravilloso libro de trabajo para guiar nuestro camino hacia la madurez cristiana. Lleno de instrucción divina basada en textos bíblicos, ilustraciones y experiencia personal, este libro de trabajo abre los ojos de los nuevos conversos a la abundancia de bendiciones de Dios disponibles para que las reclamemos y las disfrutemos. Todo cristiano debe experimentar el gozo de conocer a Cristo, la emoción de dejar atrás una vida anterior y el desafío de caminar en los pasos de Jesús. Faby nos ayuda a vernos como hemos sido y como debemos ser, guiándonos para lograr esta transformación al buscar a fondo la Palabra de Dios y entregar todos los aspectos de nuestra vida a Dios, nuestro Padre.

Faby inició esta misión como profesora de escuela bíblica, especialmente con los niños de la iglesia de su ciudad natal, Mérida, Venezuela, donde tuve el privilegio de conocerla y llegar a conocerla. Comenzó este compromiso con tan solo 14 años y, para nuestro beneficio, lo sigue haciendo ahora como profesional. Agradezco a Faby por su vida de estudio, su dedicación a este proyecto y el amor que tiene por todos nosotros.

Bob Brown
Ministro del Evangelio y Misionero

Oración

Querido Padre Celestial,

Que este día sea una bendición, permitiéndonos conectarnos contigo en espíritu, mente, cuerpo y alma. Oramos para que podamos volvernos uno contigo, alineados con tu corazón y voluntad. Alabamos tu nombre y te agradecemos por las innumerables maneras en que nos bendices cada día, por crear en nosotros un corazón puro y un espíritu firme.

Señor, abre nuestros ojos al entendimiento, la sabiduría y el discernimiento. Revela el conocimiento y la comprensión del misterio de Jesucristo y tu misión para que podamos ser transformados a tu semejanza: santos, rectos y justos a tus ojos. Amamos y apreciamos tus palabras de sabiduría y corrección. Tu palabra es una lámpara para nuestros pies y una luz para nuestro camino. Es medicina para nuestros cuerpos y sanación para nuestras almas.

Querido Dios asombroso, deseamos ser guiados por tu Espíritu Santo. Permite que cada corazón sea abierto y honesto a lo largo de este viaje. Permite que cada corazón sea suave y esté listo para aprender sobre ti y tu voluntad. Ayuda a los lectores a invertir plenamente en renovar sus mentes, restaurar sus almas y sanar sus corazones. Fortalece nuestra confianza, pues nos has dado el Espíritu de poder, amor y dominio propio. Nos guías de la oscuridad a la luz y prometes estar con nosotros hasta el final. Ayúdanos, Señor, a aprender lecciones valiosas y a convertirnos en mejores servidores. Con gran fe, concédenos el coraje y el amor que necesitamos para convertirnos en soldados comprometidos, vestidos con tu armadura y fuertes en la fe y la oración. Equípanos, Señor, para que seamos productivos en tu reino. Te agradecemos de antemano por la abundancia de bendiciones que nos brindas, permitiéndonos ser fructíferos, arraigados en tu palabra y permanecer firmes hasta el final.

En el santo nombre de Cristo, oramos, Amén.

# Epigrafía

"Y esto, conociendo el tiempo, que es ya hora de levantarnos del sueño; porque ahora está más cerca de nosotros nuestra salvación que cuando creímos. La noche está avanzada, y se acerca el día. Desechemos, pues, las obras de las tinieblas, y vistámonos las armas de la luz."
Romanos 13:11-12

"Librándote de tu pueblo, y de los gentiles, a quienes ahora te envío, para que abras sus ojos, para que se conviertan de las tinieblas a la luz, y de la potestad de Satanás a Dios; para que reciban, por la fe que es en mí, perdón de pecados y herencia entre los santificados."
Hechos 26:17-18

Bienvenido al Libro de Trabajo Camino Hacia la Luz

Espero que este libro de trabajo le resulte útil a medida que creces en el conocimiento de Jesucristo y continúes tu camino para glorificar a nuestro Señor y Salvador. Este libro de trabajo es mi humilde intento de brindarles a mis hermanos y hermanas en la fe gemas de la Palabra de Dios para fortalecernos, equiparnos, capacitarnos, alentarnos y transformarnos, recordándonos lo que la Palabra nos insta a hacer mientras perseveramos en nuestro camino hacia la luz.

Este viaje es para aquellos de corazón humilde, dispuestos a dejar que Dios los transforme para Su gloria. Como dice **2 Corintios 3:18**: *"Así también nosotros todos, que con el rostro descubierto contemplamos como en un espejo la gloria del Señor, somos transformados en su imagen con más y más gloria, como por el Señor, que es el Espíritu"*. En nuestras debilidades, Él es glorificado al aumentar nuestra fé y conocimiento para una transformación espiritual completa. Él desea que seamos uno con Él, compartiendo el mismo corazón y mente.

Cuando decides caminar en la luz, dejando atrás el pecado y la oscuridad, el Señor te equipa con Su Espíritu Santo, tu fiel compañero y guía. Su poderosa Palabra te anima, reprende y corrige mientras corres esta carrera. Si bien esta transformación puede ser dolorosa, mientras luchas con tu antiguo yo, tus dudas y tus temores, no serás derrotado si perseveras en la fé. El Señor está contigo durante el proceso hasta que entiendas tu nueva identidad y propósito en Cristo, obteniendo discernimiento a través del Espíritu Santo.

Finalmente, el Señor te equipa con una armadura para protegerte y la espada y el escudo más poderosos para luchar contra las flechas de fuego del enemigo. Él te proporciona con compañeros de peregrinación para animarte y corregirte, y la oración para mantener una cercanía íntima con Dios. La fé es nuestra victoria cuando confiamos en Dios a lo largo de este viaje transformador, alineando nuestro cuerpo, mente y alma con su voluntad.

Querido lector, gracias por invertir tu valioso tiempo en este libro de trabajo. Nunca te rindas en este viaje. Lucha hasta el final y recibirás una corona especial preparada para ti y para todos los que emprendan este viaje hacia la luz.

¿Cómo utilizar este Libro de Trabajo?

Este libro de trabajo es una guía para el éxito en tu caminar con Cristo. Si bien puedes hacerlo de manera independiente, estudiar con otros te traerá bendiciones divinas e iluminación a tu vida. Puedes elegir hacer una lección al día, dedicar aproximadamente una hora y media al estudio bíblico en grupo o dedicar una hora al estudio personal. La mayoría de las lecciones tienen aproximadamente cuatro páginas, y algunas se extienden a seis o siete páginas debido a la profundidad del tema.

Te animo a que complete las actividades antes de comenzar el libro y a que respondas las preguntas de reflexión antes y después. Estas están diseñadas para preparar su corazón y su mente para recibir la Palabra de Dios. Cada lección incluye un código QR vinculado a un video introductorio para cada capitulo. Haz unos minutos de silencio para meditar mientras responds las preguntas y tómate el tiempo para compartir si estás en un grupo.

Este libro de trabajo tiene como objetivo ayudarnos a rendir cuentas unos a otros por la gloria de Dios. Si estamos completamente comprometidos con él, creceremos fuertes en la fe y en las áreas en las que necesitamos desarrollarnos. Para lograr una transformación completa, he incluido una actividad para evaluar tu crecimiento espiritual al final del libro. Hay recursos adicionales al final del libro de ejercicios para usar durante la oración y otros videos útiles para el estímulo espiritual. Que la Palabra de Dios y la presencia del Espíritu Santo te den sabiduría, fortaleza y discernimiento, permitiéndote ver la vida desde una perspectiva más elevada y llevar a otros al camino de la luz.

Reflexionando sobre Mis Valores

Antes de comenzar este cuaderno de ejercicios, tómate unos minutos para reflexionar sobre tus valores actuales. Sé lo más sincero posible. Aunque esta información es privada, compartirla durante las discusiones grupales puede beneficiar tu crecimiento. La autorreflexión es una parte clave de este proceso. Programa un cronómetro de 30 segundos y anota rápidamente diez palabras que representen las cosas más valiosas de tu vida. No te preocupes por el orden: escríbelas lo más rápido que puedas. Cuando el cronómetro se detenga, numera cada palabra del 1 al 8, siendo 1 la más importante y 8 la menos importante. Luego, transfiere estos números a los círculos de la derecha. Una vez que hayas terminado, medita sobre el orden de tus valores y escribe una breve reflexión sobre por qué los clasificaste de esa manera y cómo te sientes con los resultados.

Lista de palabras

1.
2.
3.
4.
5.
6.
7.
8.

Minutos de silencio y reflexión (5 min)

En las siguientes líneas, explica por qué elegiste esas palabras y las ordenaste de esa manera. ¿Pasaste por alto algo? ¿Cambiarías algo? ¿Qué opinas de esta actividad y por qué es esencial en relación con el camino hacia la luz?

_____
_____
_____
_____
_____
_____
_____

¿Quién eres a los ojos de Dios? Usa la frase "Yo soy" y completa los espacios en blanco con lo que recuerdes. (Por ejemplo: "Soy un hijo de Dios").

_____
_____
_____
_____
_____
_____

¿Qué tan bien te conoces a ti mismo?

(Dibújate y escribe un párrafo corto sobre quién eres a continuación)

_____
_____
_____
_____
_____
_____
_____

Aspectos de tu vida en los que estás batallando en este momento.

(Encierre en un círculo las que correspondan o añada a la lista)

resentimiento	amargura	falta de perdón
envidia	enojo	celos
lujuria	codicia	Pensamientos impuros
glotonería	mentir	orgullo
fornicación	adulterio	ira
chisme	Malos pensamientos	procastinación
manipulación	egoísmo	egocentrismo
incredulidad	duda	preocupación excesiva
maldecir	pendenciero	pereza

Capítulo 1

Descubre tu Valor en la luz Divina

En el camino de la vida, caminamos sobre una cuerda con dos extremos. Elegimos el camino que queremos tomar, seleccionando un extremo y rechazando el otro. No sabemos realmente qué camino elegir hasta que el conocimiento de Dios comienza a moldear e iluminar nuestros corazones. Así es como comenzamos a reconocer nuestro valor en Dios.

Desde niña, no entendía mi verdadero valor, ni tenía una comprensión clara de mi misión y propósito en este mundo. Solo sabía que amaba las cosas de luz, las cosas de Dios. No sabía quién era ni el alcance de mi propio potencial en el reino de Dios. A medida que crecí, adquirí experiencia y conocimiento de quién era yo, quién es Dios y de lo que era capaz. Fue entonces cuando comencé a comprender más sobre la naturaleza poderosa de Dios. Cuanto más aprendía sobre Él a través de Su Palabra, más me daba cuenta de que Dios no solo es un proveedor sino también un sanador, un maestro y un protector que me ama y cuida. Aprendí que Dios es omnipotente, omnisciente, omnipresente, inmutable y eterno. Descubrí que sus pensamientos son mayores que los míos, por lo que no podía definirlo. El Señor Dios se me reveló y se definió a través de la Palabra, versículo a versículo, durante mi viaje a través de la Biblia.

Al interactuar con el mundo que me rodeaba, desarrollé un sentido de autoestima basado en los estándares del mundo. Este sentido de valor dependía de mi desempeño, mi cumplimiento, mi inteligencia, mi belleza, mi estilo, otras capacidades humanas y mis dones visibles. De repente, me encontré compitiendo por la aprobación y tratando de agradar a los demás. Aprendí que algunas relaciones humanas eran condicionales y calculadas. Estas conexiones a menudo se establecían simplemente para obtener riqueza material o conexiones valiosas para transacciones futuras. Llegué a comprender que ninguna de estas relaciones era significativa, profunda o piadosa.

En el mundo, las relaciones suelen ser superficiales y con frecuencia están impulsadas por agendas ocultas; pueden parecer caminos de oscuridad donde la confianza es escasa. Sin embargo, cuando hice tiempo para la Palabra de Dios y me deleité en ella, llegué a un punto sin retorno. Me di cuenta de que Dios tenía un plan mejor para mí. Experimenté el verdadero amor, el perdón, la gracia y la compasión a través de Él. Comprendí que elegir el camino de Dios me llevó a la luz, lo que me permitió conocer íntimamente al Autor de mi vida, tener comunión con Él y permanecer sobre una base firme para la eternidad.

Sin embargo, era consciente de que esta elección tenía un costo. A medida que mi fe comenzó a crecer, el mundo desafió mi sentido de valor. Las pruebas y las tentaciones se acercaron a mí con fuego, refinando mi fe y poniendo a prueba mi verdadera identidad en Dios. A menudo me sentí insegura, dudosa y débil ante estos ataques, lo que hizo que mis expectativas de la vida y de Dios se tambalearan. Sin embargo, el Espíritu de Dios me reveló a través de la Palabra cómo la anarquía de los pecados de las personas las ata.

Además, descubrí el tesoro de la Palabra de Dios y su poderoso efecto en mi vida. Desperté para entenderme a mí misma en el espejo de la Palabra de Dios. Cada día, mi percepción de quién era realmente mejoraba. Me di cuenta de que era imposible ver algo con claridad en la oscuridad. Había estado caminando sin pensar en la cuerda de la vida y fallando con frecuencia, pero la Palabra de Dios se convirtió en una lámpara para mis pies y una luz para mi camino (**Salmo 119:105**). Una vez que aprendí a usar esta luz diariamente, reconocí cómo me veía a mí misma en el espejo de la Palabra de Dios y cuán desalineada estaba en mi mente, cuerpo y espíritu. Tenía dolor espiritual, físico y emocional. Mi vida era caótica y estaba desequilibrada. Comprendí que tenía trabajo que hacer y espacio para crecer. Aunque sabía que tenía un largo viaje por delante, me sentía feliz y esperanzada de mejorar mi vida.

Pronto aprendí que a menudo necesitamos vernos a nosotros mismos a través del espejo de Dios para recalibrar y ajustar nuestras percepciones. Comenzamos a usar la perspectiva de Dios para corregir nuestra autoimagen y autoconcepto. Cuanto más cerca estamos de Él, más íntima se vuelve nuestra relación con nuestro Creador. Conocerlo significa conocernos verdaderamente a nosotros mismos porque Él nos hizo a Su imagen (**Gn 1:27**). Por lo tanto, ¿quién es mejor que nuestro Creador para aportar claridad respecto de nuestra verdadera naturaleza? ¿Quién nos conoce mejor que nadie? Meditamos sobre estas preguntas y comenzamos a confiar completamente en Dios, acallando las voces negativas internas y externas que nos desvían del plan original de Dios para nosotros.

Me di cuenta de lo poco que sabía sobre cómo mantener el equilibrio en mi cuerpo, mente y espíritu. Había estado viviendo como víctima de mi pasado y ansiosa por un futuro que aún no existía. Al hacerlo, me estaba perdiendo las bendiciones que Dios había preparado para mí. Vivía con miedo: miedo a perderme algo, al abandono y al rechazo, y a no complacer a quienes me rodeaban.

Inconscientemente, busqué la validación en los lugares equivocados. Probablemente incluso me odiaba a mí misma sin entender completamente por qué. Creí las mentiras del enemigo, mi detractor y acusador. Pero la palabra de Dios me abrió los ojos a Su perspectiva. Llegué a ver que mi vida no estaba definida por lo que mi cuerpo o mi mente podían lograr, sino que mi cuerpo es el recipiente del Espíritu, y mi mente es la comandante de ese recipiente.

En una temporada anterior, no era consciente del propósito del Espíritu hasta que dejé que Dios tomara el control de mi vida. Solo entonces permití que Dios mismo me guiara a través de este viaje hacia la luz que gobierna mi alma, mente, espíritu y cuerpo.

Fue entonces cuando comenzó mi transformación. Comprendí que este era mi propio proceso, guiado por mi Creador. Él me permitió elegir qué camino tomar. Mis ojos se abrieron para ver cómo fui creada, de dónde venía y hacia dónde iba. Ahora podía ver con claridad y estaba segura de que no volvería al camino de la oscuridad y la incertidumbre.

En **Salmos 139:13-14**, el rey David escribió: *"Porque tú creaste mis entrañas; me formaste en el vientre de mi madre. Te alabo porque soy una creación admirable y maravillosa; tus obras son maravillosas, lo sé muy bien"*.

Cuando comencé a concentrarme y meditar en estas verdades, mi alma no pudo hacer más que maravillarse ante la hermosa creación que soy. Noté las mentiras que solía creer sobre mí misma y me di cuenta de que no conocía mi verdadera identidad. Se hizo evidente que había estado caminando por el lado equivocado de la cuerda.

En el pasado, sin pensarlo, elegí el camino del dolor, el miedo y la tristeza. No elegí el camino de la luz y del amor verdadero porque no conocía mi verdadero valor y estaba perdida en la oscuridad. Pero ahora, he encontrado el camino hacia la luz. Empecé a entender que mi maravilloso ser fue creado por Dios con un propósito especial. Empecé a caminar en el camino hacia la luz con mi Dios. Él me mostró mi valor y cuántas cosas grandiosas podía lograr para Su reino. Él comenzó a nutrirme y reconstruirme día a día.

Este fue solo el comienzo de mi relación profunda con Dios. Empecé a caminar con discernimiento espiritual y ya no dependía del consejo de los hombres. Estoy agradecida de que el Señor me haya concedido la capacidad de conocer mi verdadero valor ante Sus ojos.

Tu tiempo

¿Qué te resonó en este capítulo?
_____
_____
_____
_____

¿Cuál es tu historia? ¿De qué lado de la cuerda caminas?
_____
_____
_____
_____

Autorreflexión y establecimiento de objetivos (Mientras reflexiona, piense en el siguiente paso para alcanzar su objetivo)
_____
_____
_____
_____

Capítulo 2

Reconociendo tu Despertar en Cristo

Vivir una vida consciente en Cristo, guiados por el Espíritu Santo, significa estar atentos, notar y actuar de acuerdo con ese estado de conciencia divina. Como cristianos, vivimos en el momento presente, permaneciendo alertas a las trampas y los planes malvados del enemigo. Aprendemos a equilibrar nuestras vidas mientras caminamos hacia la luz, incluso en medio de la oscuridad. En este viaje de despertar, recibimos conocimiento, sabiduría y discernimiento.

Efesios 1:17-18 dice:

"Pido que el Dios de nuestro Señor Jesucristo, el Padre glorioso, les dé el Espíritu de sabiduría y de revelación, para que lo conozcan mejor. Pido que los ojos de su corazón sean iluminados para que sepan a qué esperanza los ha llamado, cuáles son las riquezas de la gloria de su herencia en sus santos".

El apóstol Pablo oró por los cristianos de Éfeso, pidiendo a Dios que les diera el Espíritu de sabiduría y de revelación, para iluminar sus corazones y para que conocieran la esperanza de su llamado y las riquezas que vienen con él. Esta conciencia no depende de la inteligencia humana; no se trata de años de estudio en un seminario o universidad para entender la voluntad de Dios y los misterios que se encuentran en el Evangelio de Cristo. Más bien, es un don de Dios, un don que nos permite conocerlo mejor, a medida que Él se revela a nosotros a través del estudio de Su palabra (v. 17). Pablo explica más en los versículos 19-20:

"y su incomparable grandeza de poder a favor de nosotros los que creemos. Ese poder es el mismo con el poderoso poder que ejerció cuando resucitó a Cristo de entre los muertos y lo sentó a su diestra en los lugares celestiales".

Esto es profundo para muchos, ya que solo se puede entender con la ayuda del Espíritu Santo.

Para tener éxito en nuestro camino, debemos ser diligentes y vigilantes. **1 Pedro 5:8** dice:

"Estén alerta y sean sobrios. Su enemigo, el diablo, ronda como león rugiente buscando a quién devorar".

Sabemos que no caminamos solos. Confiamos en la presencia de Dios a través del Espíritu Santo, Su palabra y la comunidad de creyentes que hacen el mismo camino, alentándose y cuidándose unos a otros. Una mente sobria implica un cristiano que se toma a Dios en serio, tiene un enfoque singular y está completamente comprometido.

Nuestro objetivo es vivir plenamente en el presente, confiando en Dios, sin importar lo que suceda o lo que dicten las circunstancias. Al hacerlo, comenzamos a ser transformados a Su imagen, liberándonos de la esclavitud de la carne. Nos volvemos verdaderamente despiertos cuando tomamos conciencia de nuestro estado espiritual, dándonos cuenta de que debemos elegir vivir por el Espíritu o por la carne. Es nuestra decisión.

2 Corintios 3:17-18 dice:

"Ahora bien, el Señor es el Espíritu, y donde está el Espíritu del Señor, allí hay libertad. Y todos nosotros, que con el rostro descubierto contemplamos como en un espejo la gloria del Señor, nos transformamos cada vez más en su imagen, como por el Señor, que es el Espíritu".

Es necesario que se produzca un cambio en nuestra vida para reflejar esa transformación. Es nuestra confianza inquebrantable en Él lo que permite que el Espíritu Santo obre en nosotros. De repente, nos volvemos más cautelosos antes de tomar decisiones: nuestro sistema de valores cambia.

Ya no perseguimos los deseos mundanos y nos damos cuenta de que una vida sencilla es más satisfactoria. Encontramos paz en la naturaleza, apreciamos menos amistades pero más profundas y apreciamos la soledad. Buscamos al Señor constantemente y no podemos prosperar sin Su palabra. Ya no eres la misma persona y tus viejos amigos pueden no reconocerte. Te alineas con Dios, viviendo con alerta y una mente sobria.

Además, la Biblia nos muestra ejemplos positivos y negativos para enseñarnos lecciones prácticas. En **Mateo 25:1-13**, Jesús narra la historia de las diez vírgenes, retratando a cinco prudentes y cinco insensatas. Las cinco vírgenes prudentes estaban alertas y eran sobrias; llevaban aceite con ellas porque sabían que necesitarían más. Este aceite representa el Espíritu de Dios, que es nuestra unción espiritual. Alimentamos continuamente a este Espíritu con la Palabra de Dios. Somos como lámparas que llevan aceite: el Espíritu Santo. Si nuestras lámparas se quedan sin aceite y no se encienden, no podemos encontrarnos con el novio. Como seguidores sabios de Cristo, somos serios y comprometidos con nuestra relación con Dios y lo obedecemos porque lo amamos. No queremos alejarnos de Dios fingiendo vivir una vida santa y esperando que Él haga todo el trabajo.

Proteger nuestros corazones del orgullo y el ego es innegociable para lograr la alineación con el Señor. **Proverbios 11:2** dice:

"Cuando viene la soberbia, viene también la deshonra, pero con la humildad viene la sabiduría".

El Espíritu de sabiduría viene cuando le mostramos a Dios que no tenemos el control. Debemos tomar acción, pero Él es quien dirige nuestros pasos. Vivir en orgullo indica que confiamos en nuestras propias fuerzas y que nos falta fe para creer en el plan que Dios tiene para nosotros. Entonces, cuando llega la desgracia, acudimos a Dios en busca de ayuda. Este fue el caso de las vírgenes que no lo lograron; no se prepararon para recibir al novio. En **Efesios 4:22-24**, Pablo escribe:

"En cuanto a vuestra anterior manera de vivir, despojaos del viejo hombre, que está viciado por los deseos engañosos;"

Pablo enfatiza la necesidad de despojarnos de la vieja mentalidad que opera según la carne, alejándonos de la voluntad de Dios. Cuando vivimos así, permanecemos dormidos e inconscientes de la verdad y la libertad que Dios ofrece. El Señor no quiere que estemos ociosos; quiere que estemos preparados y prosperemos, viviendo una vida de abundancia.

Por último, recuerda lo que Pablo escribió a los tesalonicenses en **1 Tesalonicenses 4:13**:

"Hermanos, no queremos que ignoréis acerca de los que duermen en la muerte, para que no os entristezcáis como los demás, que no tienen esperanza".

Si estás consciente y despierto a la verdad de Dios, te invito a demostrar un nuevo nivel de conciencia y a aceptar lo que se necesita para vivir una nueva vida, junto con el compromiso necesario para mantener nuestras lámparas listas y llenas de aceite para traer luz a este mundo.

Tu tiempo

¿Qué se necesita para mantener tu lámpara encendida?
_____
_____
_____
_____

¿Cuál era la diferencia entre las vírgenes insensatas y las prudentes? Expresa tus pensamientos sobre sus decisiones, su mentalidad y su corazón. _____
_____
_____
_____

Autorreflexión y establecimiento de objetivos (Mientras reflexionas, piensa en lo que puedes hacer para conservar el aceite de tu propia lámpara) _____
_____
_____
_____

Capítulo 3

Descubriendo tu Verdadera Identidad

Encontrar nuestra identidad puede ser aterrador. Muchas personas no se conocen a sí mismas y tienen miedo de explorar quiénes son realmente. Algunas se han alejado tanto de Dios que ya no reconocen quiénes son ni a quién pertenecen. Esto es lo que sucede cuando vivimos en la oscuridad. En la oscuridad, no podemos ver nuestro reflejo. ¿Alguna vez has caminado por tu casa durante un apagón en la noche? Te mueves con cautela, con miedo de golpear algo, caer o desorientarte.

En la oscuridad, perdemos la confianza y el poder porque no vivimos por fe; en cambio, caminamos, pensamos y actuamos por miedo. Este miedo es la razón por la que nos duele y luchamos por sanar. Vivimos en constante confusión y caos mental. Nos falta claridad y no podemos decir nuestra verdad en amor.

El Señor Dios nos ha dado la libertad de elegir nuestro camino. Solo hay dos opciones: podemos movernos hacia Dios o retirarnos a la oscuridad, lejos de Él. Sin embargo, Dios, en su infinito amor por la humanidad, diseñó un plan para llevarnos de regreso a Él a través de su Hijo, porque realmente nos ama.

Este plan implica que el pueblo de Dios nos persuada. La luz y la sal de los santos que caminan sobre la tierra iluminan nuestros caminos. Dios quiere que nos veamos a su imagen (**Génesis 1:26-27**). Él nos creó, hombre y mujer, para gobernar el mundo con confianza. Él desea que seamos creativos, seguros, sabios, perspicaces y que nunca dudemos de Él. Dios bendijo a la humanidad para que se multiplicara, fuera fructífera y permaneciera fiel. En el principio, hubo un tiempo de equilibrio perfecto, cuidando el jardín y disfrutando de las bendiciones de Dios en un lugar donde no existía el pecado. Desde el principio, Dios solo quería que confiáramos y obedeciéramos, pero no podemos confiar ni obedecer a alguien que no conocemos.

El problema de Adán y Eva fue su decisión de escuchar otras voces, voces falsas. Eran como niños, inexpertos e ingenuos, incapaces de comprender la profundidad de sus decisiones. No valoraron el poder de la palabra de Dios porque no conocían bien al Señor. Dudaron de la palabra de Dios al seguir los trucos del enemigo. Por su palabra, Él creó el universo, bendijo a las naciones y resucitó al mismo Jesús. Creer en su palabra es encontrar el camino de la luz y la vida. Encontrarlo significa resolver nuestra crisis de identidad. Ya no estamos en conflicto porque creemos en nuestro fiel Creador y en su misión para nuestras vidas.

Al profundizar en la Palabra, descubrimos que el rey David reflexionó profundamente sobre su creación. Te animo a leer y meditar en este profundo Salmo. David reflexionó sobre cuán íntimamente lo conocía Dios desde su creación. Dios estaba al tanto de sus hábitos diarios, su paradero, sus pensamientos, su habla y sus acciones. Él sabía todo acerca de David, y David era muy consciente de la protección, provisión y omnipresencia de Dios, incluso en los momentos más oscuros de su crisis de identidad. El Señor conoce y examina tu alma y percibe tus pensamientos. Esta es una clara indicación de Su constante atención hacia ti. Él se preocupa por ti porque eres Su creación e hijo. En última instancia, no podemos escapar del Espíritu de Dios. Él es el Creador del universo, por lo que Su alcance es ilimitado. No importa cuán lejos o cuán profundo sea, Él puede alcanzarnos allí. David lo expresa hermosamente en el **Salmo 139:14-16**:

"Porque tú creaste mis entrañas; me formaste en el vientre de mi madre. Te alabo porque soy una creación admirable, porque tus obras son maravillosas. Eso lo sé muy bien. No fue oculto de ti mi cuerpo cuando en lo secreto fui formado, cuando fui entretejido en lo más profundo de la tierra. Tus ojos vieron mi embrión; en tu libro estaban escritos todos los días ordenados para mí, antes que uno de ellos fuera."

Cada vez que leo este pasaje, siento alivio al pensar que, al igual que David, Dios me hizo hermosa y maravillosamente.

Él me creó con un hermoso propósito, por lo tanto, no hay razón para seguir viviendo en conflicto conmigo mismo. He comenzado a comprender mi valor y a confiar en Su palabra. En los versículos 17 y 18, David continúa expresando su gratitud por la preciosa e inmensurable palabra de Dios, que es invaluable para él. Al igual que David, reconocemos a Dios y comenzamos a alinear nuestra voluntad con la suya mientras caminamos en el camino de la luz. Miramos, actuamos, amamos, vivimos y servimos como David y finalmente entendemos nuestro valor porque llegamos a conocer nuestra identidad. Sabemos a dónde pertenecemos y nos damos cuenta de que cualquier cosa diferente a esto es una falsificación. Es por eso que David escribe en los versículos **23 y 24**:

"Examíname, oh Dios, y conoce mi corazón; pruébame y conoce mis pensamientos. Ve si hay en mí camino de perversidad, y guíame en el camino eterno".

Cuando de repente enfrentamos una crisis de identidad, confiamos y le pedimos al Señor que nos examine, nos encuentre y nos guíe por el camino eterno de la luz.

Deseamos que muchos lleguen a esta conclusión, pero ese no es el caso en el mundo en el que vivimos hoy. La crisis de identidad es profunda. El apóstol Pablo lo explicó en **Romanos 1:20-21**:

"Porque las cualidades invisibles de Dios, su eterno poder y su deidad, se hacen claramente visibles desde la creación del mundo, siendo entendidas por medio de las cosas creadas, de modo que no tienen excusa. Pues habiendo conocido a Dios, no le glorificaron como a Dios ni le dieron gracias, sino que se envanecieron en sus razonamientos y su necio corazón fue entenebrecido".

Quizás te preguntes por qué los hombres se comportarían así si conocieran a Dios. Es porque amaron sus vidas pecaminosas más que a Dios.

Se entregaron a una vida de oscuridad lejos de Dios hasta el punto de que ya no sabían quiénes eran y se llamaban a sí mismos algo que Dios no quería que fueran. Básicamente, nos alejamos de Dios y olvidamos nuestra identidad original. El resultado se explica en los versículos **24 y 25**:

"Por lo cual Dios los entregó a la impureza sexual, en los malos deseos de sus corazones, de modo que deshonraron entre sí sus propios cuerpos. Cambiaron la verdad de Dios por la mentira, honrando y dando culto a las criaturas antes que al Creador, quien es bendito por los siglos. Amén".

La humanidad se volvió idólatra, impía, supresora de la verdad, desagradecida, pensante inútil, con un corazón necio y entenebrecido. Nos volvimos inmorales, sexualmente impuros, engañosos y lujuriosos. Abrazamos el mal, la codicia, la depravación, la envidia, el asesinato, el chisme, la calumnia y el odio hacia Dios. Nos volvimos insolentes, arrogantes, jactanciosos, desobedientes a los padres, infieles, despiadados y sin amor. ¡Ufff! ¡Qué lista tan terrible y larga! ¿Te suena familiar? Eso es lo que éramos algunos de nosotros cuando estábamos en la oscuridad. Esta es la vida de los que no están despiertos, aquellos que viven en la oscuridad y no conocen su verdadera identidad.

Pero la buena noticia es que Jesús nos llamó a vivir una vida abundante, por lo que debemos estar atentos a las artimañas del enemigo. En **Juan 10:10**, Jesús dijo: *"El ladrón no viene más que para hurtar, matar y destruir; yo he venido para que tengan vida, y para que la tengan en abundancia".* Vemos las obras del diablo y las intenciones de Dios para nuestras vidas. El enemigo quiere que olvides quién eres y de dónde vienes. Quiere que pases por alto las bendiciones de Dios. Sin embargo, Dios quiere reunirse contigo. Él desea que tú y Él seáis uno, así que escúchalo y cree.

Tu tiempo

¿Qué tan difícil fue identificar tu identidad en Cristo y cómo era tu vida cuando no sabías quién eras?
_____
_____
_____
_____

¿Cuál fue el punto de inflexión que le llevó a decidir emprender el viaje hacia la luz? Exprese sus pensamientos sobre sus decisiones, su mentalidad y su corazón.
_____
_____
_____

Autorreflexión y establecimiento de objetivos (Mientras reflexionas, piensa en lo importante que fue cambiar tu identidad)
_____
_____
_____
_____

Capítulo 4

Abrazando tu Nueva Identidad

En este viaje hacia la luz, hay un antes y un después para todos nosotros. El ritmo del viaje depende de nosotros. Cuanto más te conozcas en el espejo de la palabra de Dios, más rápido crecerás y correrás la carrera hacia la luz, es decir, hacia la seguridad. Ves a personas que ya caminan hacia la luz, y ves a otras que apenas ven la luz al final de un túnel oscuro.

Vivimos una experiencia humana similar, pero en diferentes niveles de conciencia espiritual. En un capítulo anterior, hablamos sobre cómo funciona nuestra mente y cómo manejamos nuestras emociones. Muchas veces, dejamos que nuestras emociones gobiernen nuestras vidas y definan quiénes somos. Esas emociones afectan nuestro cuerpo, palabras, pensamientos y acciones. Desarrollamos patrones y hábitos emocionales para protegernos y conectarnos con los demás.

Estos patrones no son necesariamente saludables. Aquí es donde nos encontramos fuera de equilibrio, viviendo la vida dentro y fuera de control y fuera de alineación con Dios. El Señor quiere que conozcas tu identidad y valor para hacerte una gran persona y descubrir los dones que Dios te ha dado para usar en Su reino.

Todos pasamos por momentos difíciles en la vida, pero la clave es saber cómo reaccionamos ante esos acontecimientos. Cuando no estamos alineados con Dios, vivimos y actuamos con miedo, y el miedo, como muchos saben, representa evidencias falsas que parecen reales. Nos identificamos como inseguros, complacientes con los demás, codependientes y otras cosas más. Todos estos comportamientos surgen del miedo y no del amor verdadero. El miedo distorsiona nuestra perspectiva e indica que no conocemos nuestro verdadero potencial como cristianos. Esta percepción nos limita. Por lo tanto, nos desencadenamos fácilmente por el miedo al rechazo, al abandono, a la injusticia, a la traición, al caos, a la confusión, al error, a los actos de violencia y al abuso sexual, físico y emocional.

Es imperativo buscar la sanación del trauma en el amor y el perdón de Dios, o derramaremos amargura y odio sobre los demás. Cuando realmente nos conectamos con Dios, podemos ver en su luz brillante las cosas en las que debemos trabajar para sanar. Él es capaz de liberarnos de todo mal si queremos y especialmente si creemos. Debemos creer. Esa es la única manera de ser libres. Cree en Su palabra.

En **Mateo 12**, Jesús desarrolló una conversación franca con los fariseos sobre su autoridad para expulsar demonios. En su envidia y mentalidad religiosa, no podían entender cómo Jesús tenía el poder de liberar a las personas de la influencia o posesión satánica. El Señor Jesús sanó al hombre, que ahora podía hablar y ver. Sin embargo, la incredulidad de los fariseos los mantuvo ciegos y calumniadores. Jesús reveló una verdad sobre sus corazones en los versículos **34 y 35**: *"¡Camada de víboras! ¿Cómo pueden hablar lo bueno cuando son malos? Porque de la abundancia del corazón habla la boca. El hombre bueno, de su buen tesoro saca lo bueno; y el hombre malo, de su mal tesoro saca lo malo".*

Esta declaración de Jesús sobre los fariseos revela una verdad sobre nuestro propio corazón. Solo podemos dar de lo que tenemos dentro. Sabemos que si caminamos en la luz, hablaremos y seremos guiados por el Espíritu, como se menciona en **Gálatas 5:22-23**, pero si caminamos en la oscuridad, mostraremos conductas, como se menciona en **Gálatas 5:19-21**. Por lo tanto, viviremos según la carne si vivimos en nuestras emociones. Nuestras emociones no pueden definir nuestra identidad porque pueden ir en contra del Espíritu. **Gálatas 5:17-18** dice:

"Porque la carne desea lo que es contra el Espíritu, y el Espíritu lo que es contra la carne. Estos se oponen entre sí, de modo que no hagáis lo que queráis. Pero si sois guiados por el Espíritu, no estáis bajo la ley".

Al caminar en la luz, has pasado de muerte espiritual a vida. Ya no puedes vivir como los que están en la oscuridad. Decidiste morir por tu antiguo yo para vivir para el Maestro por gratitud y amor. El Señor obrará en ti si le entregas todo. Él no te obligará a transformarte. Debes comprometerte con él y permitir que el Espíritu Santo more en ti y te cambie de adentro hacia afuera. En **2 Timoteo 1:6-7**, Pablo escribe:

"Por esta razón te aconsejo que avives el fuego del don de Dios que está en ti por la imposición de mis manos. Porque no nos ha dado Dios espíritu de cobardía, sino de poder, de amor y de dominio propio.".

No recibimos el espíritu de temor. Si vivimos para Dios, mostraremos el Espíritu de amor, poder y dominio propio. Habremos pasado página a viejos traumas y dolores de corazón porque adquirimos una nueva identidad. Pertenecemos al reino de Dios. Somos nuevas criaturas equipadas para ser embajadores de Cristo y traer luz, esperanza y sanación al mundo. Nuestra misión no es solo personal; es más grande que eso. Somos soldados y siervos de Dios por nuestra propia voluntad en el reino de la luz y en el Señor de Señores.

Cuando te miras al espejo, sabes que no eres la misma persona, y los demás ven tu profunda devoción. La transformación llega a lo más profundo de tu corazón. La forma en que hablas, actúas y te relacionas con los demás es divina. La forma en que piensas dio un giro de 180 grados, y ahora abrazas la verdad de Dios en tu corazón y en tu mente. En **2 Corintios 4:5-6**, Pablo escribió:

"Porque no nos predicamos a nosotros mismos, sino a Jesucristo como Señor, y a nosotros como vuestros siervos por amor de Jesús. Porque Dios, que dijo:"De las tinieblas resplandezca la luz", es el que resplandeció en nuestros corazones para iluminación del conocimiento de la gloria de Dios manifestada en el rostro de Cristo."

Tenemos conocimiento de la gloria de Dios manifestada en nuestras vidas. Esa luz en nosotros brilla con fuerza, y esa luz no se puede esconder del mundo. Esa luz representa una fe inamovible. Nuestra fe es tan fuerte que soportaremos todas las pruebas y tentaciones creyendo en la esperanza contra toda esperanza, como lo hizo Abraham.

Tenemos una confianza ciega en Él, viviendo en la autoridad que el Señor nos dió como sacerdotes y Sus hijos, sabiendo que el poder de Dios vive en nosotros a través del Espíritu Santo. Por lo tanto, mostraremos al mundo nuestra nueva identidad a través de nuestro ejemplo y las palabras que salen de nuestra boca. Si crees que tienes una nueva identidad en Cristo, rechazarás las mentiras del diablo y hablarás la verdad de Dios a ti mismo y a los demás. La palabra dice en **1 Juan 4:4**:

"Hijitos, vosotros sois de Dios y los habéis vencido, porque mayor es el que está en vosotros que el que está en el mundo."

Este conocimiento de Cristo es precioso para nosotros más que todo lo que el mundo pueda ofrecer. Eres firme en tu fe, y tu identidad como hijo de Dios es sólida. El mundo puede ver por sí mismo tu nuevo yo, auténtico, real y lleno de alegría. Además, aunque pasaremos por temporadas de pruebas y tentaciones, reconocemos que no hay nada ni nadie que pueda cambiar tu nueva identidad.

Continuarás deshaciéndote de más y más cosas que te frenan, pero a medida que sigas caminando y te agudices con la poderosa comunión con otros cristianos, llegarás a un nuevo espíritu de libertad, como está escrito en **2 Corintios 3:17-18**:

"Ahora bien, el Señor es el Espíritu, y donde está el Espíritu del Señor, allí hay libertad. Y todos nosotros, que con el rostro descubierto contemplamos como en un espejo la gloria del Señor, nos transformamos cada vez más en su imagen, como por el Señor, que es el Espíritu".

Por eso no podemos contristar al Espíritu de Dios en nosotros. Es un don de Dios que nos ayuda en la transformación. Tú sabes quién eres ahora. Eres un reflejo de Dios mismo en este mundo. Cuando te ven, ven a Jesús, la identidad del verdadero hijo de Dios. Por lo tanto, sé la luz, sé el cambio y el testimonio que el mundo necesita escuchar para creer que pueden cambiar porque tú has cambiado para mejor. Disfruta cada minuto de este nuevo hombre o mujer en Cristo. Este es el verdadero milagro de Dios: tu propia transformación de la oscuridad a la luz.

Cuando aprendes sobre ti mismo y eres capaz de describir quién eres a los ojos de Dios, te das cuenta del increíble potencial que hay en ti para compartir con el mundo. La búsqueda es gratificante. Encuéntrate en la palabra de Dios. Medita en ella día y noche hasta que te veas en ese espejo y conozcas tu identidad.

Tu tiempo

¿Qué ha sido lo más difícil de cambiar de tu identidad en tu nuevo camino en Cristo?
_____
_____
_____

¿Qué te ayudó a comprometerte a cambiar tu identidad en Cristo? Expresa tus pensamientos.
_____
_____
_____

Autorreflexión y establecimiento de objetivos. Has progresado; ¿Cuál es tu próximo objetivo en tu transformación?)
_____
_____
_____

Capítulo 5

Ya Sabes Quién Eres, ¿Ahora Qué?

Se necesita tiempo para restablecer nuestras mentes, espíritus, cuerpos y almas a esta nueva vida, pero saber quiénes somos y quién es Dios nos da una tremenda ventaja. Sabemos que estamos limpios y que tenemos un nuevo comienzo en Cristo. Sin embargo, hay mucho trabajo por hacer. Día a día, estamos trabajando en esta transformación para ser piadosos, como Cristo. Este cambio puede retrasarse cuando continuamos viviendo en el pasado y todavía tenemos viejas heridas por sanar.

Una de las cosas más esenciales que debemos hacer es perdonar. Nos perdonamos a nosotros mismos y a los demás. Permitirás que Dios sane esa herida profunda dentro de ti al entregar todo a Sus pies. La falta de perdón trae dolor y cargas que no debemos llevar en nuestro viaje. Eso es parte del viejo yo, que murió el día que entregamos nuestras vidas a Cristo en las aguas del bautismo. (**Romanos 6:1-4**) Tenemos una nueva vida y ya no podemos vivir la vieja. ¿No es esa una gran noticia? Todo lo que hiciste, dijiste o pensaste se fue. Por eso, cuando hacemos un inventario de quiénes somos, sabemos que debemos estar en paz en nuestro corazón con todo o con cualquier persona de nuestro pasado. Ten la certeza de que el enemigo es quien engañará a tu mente para que se centre en lo que fuiste.

Esta purificación permite que la poderosa palabra de Dios reine más en nuestro corazón. Cuando nos reconciliamos con Dios y con nosotros mismos, avanzamos más rápido. Ese es el primer paso. **1 Juan 1:9** dice: *"Si confesamos nuestros pecados, él es fiel y justo para perdonarnos nuestros pecados y limpiarnos de toda maldad"*. Cuanto más permanezcamos en su palabra, más purificados nos volvemos de nuestras antiguas y anteriores conductas tóxicas porque comenzamos nuevos hábitos saludables en Cristo. **Santiago 5:16** afirma: *"Por eso, confiésense unos a otros sus pecados, y oren unos por otros, para que sean sanados. La oración del justo es poderosa y eficaz."*

Nada es mejor para un ser humano que sentir esa paz que sobrepasa todo entendimiento. Cuando confesamos y oramos por nosotros mismos y por los demás, nos comprometemos a una verdadera sanación. Las palabras que salen de nuestra boca son poderosas si nuestras intenciones son genuinas.

Como dice **Romanos 1:1-2**: *"Por lo tanto, ya no hay ninguna condenación para los que están en Cristo Jesús, porque por medio de él la ley del Espíritu que da vida me ha librado de la ley del pecado y de la muerte"*. Ahora, ya no tenemos que vivir en vergüenza y culpa. El Señor quitó todo y lo cortó de nuestras vidas cuando nos arrepentimos sinceramente de nuestros pecados.

Así como la mariposa pasa de ser una larva a una oruga y de una oruga a una crisálida, a nosotros nos crecen alas para volar lejos del antiguo estado de gateo y convertirnos en una mariposa libre y hermosa para mostrarle al mundo la metamorfosis espiritual por la que hemos pasado con la ayuda del Señor. La palabra es explícita en que la carne da a luz a la carne, y el Espíritu da a luz al Espíritu. (**Juan 3:5-8**) Por eso, pregúntate: ¿vivo todavía en la carne o en el Espíritu? El enemigo puede manipular o controlar nuestro espíritu si dejamos que su engaño llegue a nuestras mentes, pero el Espíritu de Dios no puede ser manipulado. En cambio, las palabras explican que el Espíritu te conduce a la verdad y te brinda sabiduría y discernimiento.

No podemos saltarnos pasos o etapas en este proceso. Algunos podrían pensar que Dios es alguien con quien podemos jugar, pero sabemos que Dios conoce tu corazón y nada se le oculta. Entendemos claramente el pecado, que es todo lo que pensamos, hacemos o decimos que desagrada a Dios. Podemos comenzar de nuevo cuando le entregamos todo con total y absoluta confianza. En el Evangelio de Juan, las multitudes siguieron a Jesús para recibir una comida gratis, un milagro y una lección.

Muchos no siguieron a Jesús. Sólo unos pocos creyeron y se quedaron porque el mensaje era demasiado difícil de entender con una mente lógica. Las lecciones de Jesús debían aprenderse espiritualmente, no literalmente. Por ejemplo, **Juan 6:63-65** dice:

"El Espíritu es el que da vida; la carne para nada sirve. Las palabras que les he hablado están llenas de Espíritu y de vida; sin embargo, hay algunos de ustedes que no creen". Porque Jesús sabía desde el principio quiénes eran los que no creían y quién lo iba a traicionar. Continuó diciendo: "Por eso les dije que nadie puede venir a mí si el Padre no se lo permite".

Ahora que eres una nueva criatura en Cristo, sabes que el Padre te ha permitido ser libre de tu viejo yo. Si el viejo hombre sufría de ansiedad, depresión u otra enfermedad, ahora sabes que estás avanzando para ser sanado si es Su voluntad o para ser usado por Dios como testimonio para muchos. Dios mostrará Su poder sobre tu debilidad.

Querido amigo, el Señor Dios te capacita, te da poder, te hace competente y te permite venir a Jesús porque crees y no vives según la carne. Lo ves con un corazón sincero. Eso te hace diferente de los demás y así es como comienzas a crecer. Esta nueva vida se trata de lo que haces en tu nuevo propósito dado por Dios y en lo que debes convertirte. Es un estado del ser. Ahora deseas ser uno con Dios y has adquirido un nuevo ministerio: el ministerio de la reconciliación, según (**2 Corintios 5:17**).

Ahora, crees, escuchas y sigues a Cristo a través de tus acciones, pensamientos y servicio. Cuando haces estas cosas, te has convertido en cristiano. Encarnas las características de Cristo y del Espíritu. Ahora muestras los colores del amor al mundo y haces brillar tu luz sobre los que viven en la oscuridad.

Finalmente, sabemos que no pertenecemos a este mundo y que nuestro vaso tiene fecha de caducidad, pero mientras vivamos en esta tierra, no invertiremos en cosas temporales, ni tenemos que preocuparnos por ninguna de ellas. Nuestra perspectiva sobre este mundo físico se disipa, y la escala de valores se reordena. En **Mateo 16:26-27** explica:

"¿De qué le servirá a uno ganar el mundo entero, si pierde su alma? ¿O qué podrá dar el hombre a cambio de su alma? Porque el Hijo del Hombre vendrá en la gloria de su Padre con sus ángeles, y entonces pagará a cada uno conforme a sus obras".

Comprendemos que nuestro cuerpo y lo que le sucede no es la única realidad. Nuestro cuerpo es solo un vaso, y nuestra alma es lo que importa. Dios nos provee el don del Espíritu Santo para guiarnos en el camino hacia la luz de Jesús. Él es el autor y consumador de nuestra fe. **(Hebreos 12:2)** Espero que sepas quién eres y a quién perteneces. Tu propósito y lo que necesitas llegar a ser puede tomar toda una vida porque el único perfecto es Jesús, pero aquí está la esperanza de una mejor versión de ti para construir tu legado en Dios y sobre el sólido fundamento de Cristo.

Además, las transiciones no son fáciles. Pasar del viejo hombre al nuevo puede ser doloroso porque sabes que debes rechazar y renunciar a amistades dañinas y personas, lugares y cosas que te mantuvieron cautivo. Debemos aprender a entrenarnos para decir "NO" a estas personas y actividades malsanas y mundanas. En **2 Corintios 6:17**, Pablo escribe: *"Por lo tanto, "Salid de en medio de ellos y apartaos, dice el Señor. No toquéis lo inmundo, y yo os recibiré."*

Estos cambios deben venir rápidamente. Ya no puedes seguir entreteniéndote en las cosas del viejo hombre, o caerás en la opresión o el pecado. El Señor te dará la fuerza para vencer y finalizar la transformación.

Otro punto a considerar es confiar en ti mismo. Sabes que apenas estás comenzando este viaje, y la mentalidad apenas comienza a cambiar; por lo tanto, debes confiar completamente en el Señor tu Dios, no en ti mismo. ¡Sí, leíste bien! Debemos confiar en el Dios infalible y perfecto. Recuerda que fue porque confiaste en ti mismo que quedaste atrapado en la condición en que el Señor te encontró. En **Proverbios 3:5-6**, la palabra dice:

"Confía en el Señor con todo tu corazón y no te apoyes en tu propia prudencia; sométete a él en todos tus caminos, y él enderezará tus veredas".

Si quieres tener éxito en tu caminar con Cristo, sabes que quieres escuchar y seguir la guía de tu entrenador. Pero Dios es nuestro Padre y Dios, por lo que queremos obedecerlo incluso cuando nos parezca ilógico y sin sentido. Él sabe más, y nosotros no. Usted soportará pruebas de fe. En este viaje, el Señor pondrá a prueba su fe para refinarla y hacerla más fuerte.

De usted depende resistirlo o entregarle su vida para que Él pueda moldearlo en el ser espiritual que Él quiere que sea. Puede esperar recompensas cuando viva en su propósito. Disfrutará del fruto de su trabajo en este mundo. Su vida ha cambiado por completo y ahora todo es nuevo. Lo nuevo puede ser abrumador, pero como confiamos en nuestro Dios y sabemos que Él nos ama, vivimos en la paz de Dios que sobrepasa todo entendimiento.

Tu tiempo

¿Qué es lo más difícil que has tenido que dejar atrás?
_____
_____
_____
_____
_____

¿Qué crees que te mantiene fuerte y concentrado en el camino de tu vida?
_____
_____
_____
_____

Autorreflexión y establecimiento de metas (comparta cómo el capítulo le ayudó a cambiar su perspectiva)
_____
_____
_____
_____
_____

Capítulo 6

Renovando tu Mente

La mente es la cuna del corazón, el lugar donde se originan nuestros pensamientos y emociones y donde se deciden nuestras acciones. Nuestra capacidad de pensar y procesar información ocurre en el cerebro; por lo tanto, el corazón y la mente están profundamente interconectados. Tenemos la opción de andar por el Espíritu o vivir en la carne. La perspectiva de Dios sobre el corazón está bellamente ilustrada en **1 Crónicas 28:9-10**:

"Y tú, Salomón, hijo mío, reconoce al Dios de tu padre y sírvele con todo el corazón y con ánimo voluntario, porque el Señor escudriña todos los corazones y entiende todo plan y pensamiento. Si lo buscas, lo encontrarás; pero si lo abandonas, él te desechará para siempre. Ten cuidado, porque el Señor te ha elegido para construir una casa para el santuario; esfuérzate y ponlo por obra".

El rey David le encomienda a Salomón una importante tarea, usando palabras de acción como "reconocer" y "servir" con una mente dispuesta. Salomón tuvo que tomar una decisión consciente de seguir estos mandatos. Este pasaje resalta la profunda comprensión que Dios tiene de nuestros corazones y mentes y las consecuencias de abandonarlo. Así como Salomón fue elegido para construir el templo, estamos llamados a estar dispuestos, ser fuertes y actuar según el plan de Dios para nuestras vidas.

El Señor quiere que andemos por el Espíritu, como **Gálatas 5:16** nos anima a andar por el Espíritu y no satisfacer los deseos de la carne. Nuestras mentes a menudo se sienten atraídas por los deseos de la carne, pero estamos llamados a elevarnos por encima de ellos. **Génesis 4:6** proporciona un poderoso ejemplo:

"Entonces el Señor dijo a Caín: ¿Por qué estás enojado? ¿Por qué está abatido tu rostro? Si haces lo que es correcto, ¿no serás enaltecido? Pero si no haces lo que es correcto,

el pecado está a la puerta; desea poseerte, pero tú debes dominarlo". Caín permitió que la envidia y la ira nublarán su mente, lo que finalmente lo llevó al pecado. Esta historia nos recuerda la importancia de gobernar nuestra mente y dejar que el Espíritu nos guíe. Por lo tanto, estamos cambiando de adentro hacia afuera porque somos creados a la imagen de Dios (**Génesis 1:27**) y, como creyentes, adoptamos la mente de Cristo (**1 Corintios 2:16**). Imagínate tener la mente de Cristo: mostrar humildad, gentileza, sabiduría, misericordia, perdón, dedicación, pureza, rectitud y compasión. Jesús ejemplificó plenamente el fruto del Espíritu Santo. Transformar nuestra mente para reflejar estas cualidades significa esforzarnos por pensar, actuar y responder como lo haría Jesús en diversas situaciones.

La Biblia menciona con frecuencia el corazón y la mente, enfatizando su importancia en nuestro viaje espiritual. **1 Samuel 16:7** revela que Dios se centra en el corazón:

"Pero el Señor le dijo a Samuel: "No mires su apariencia ni su estatura, porque yo lo he rechazado. El Señor no mira lo que la gente mira. La gente mira la apariencia exterior, pero el Señor mira el corazón".

A menudo juzgamos por las apariencias externas, pero Dios ve nuestro corazón. Nuestra fe reside en el Espíritu dentro de nosotros, guiando nuestros pensamientos y acciones. Por lo tanto, estamos llamados a hacer una transformación mental completa. **Romanos 12:1-3** nos insta a ofrecer nuestros cuerpos como sacrificio vivo y a renovar nuestra mente:

"Por lo tanto, hermanos, tomando en cuenta las misericordias de Dios, les ruego que cada uno de ustedes, en sacrificio vivo, santo y agradable a Dios, que es su verdadero culto. No se amolden a este mundo, sino sean transformados mediante la renovación de su mente. Así podrán comprobar cuál es la buena voluntad de Dios, agradable y perfecta."

Nuestra verdadera adoración implica transformar nuestro cuerpo y nuestro pensamiento para alinearlo con la Palabra de Dios. Debemos evaluar nuestros pensamientos y asegurarnos de que reflejen la voluntad de Dios en lugar de los deseos mundanos. **Mateo 12:34** dice: *"Porque de la abundancia del corazón habla la boca"*. Nuestras palabras revelan el estado de nuestro corazón y nuestra mente. **Proverbios 3:5-6** nos anima a confiar en el Señor y someternos a Él en todos nuestros caminos. Hacerlo transforma nuestra mente y nos alinea con Su voluntad y Su Espíritu.

Por eso somos conscientes del estado de nuestro corazón. **Lucas 6:45** nos recuerda que nuestras acciones surgen de nuestro corazón: *"El bueno, del buen tesoro de su corazón saca lo bueno; y el malo, del mal tesoro saca lo malo; porque de la abundancia del corazón habla la boca"*.

Diariamente, debemos alimentar nuestro corazón con la Palabra de Dios y buscar Su sabiduría. **Marcos 12:30** nos llama a amar a Dios con todo nuestro corazón, alma, mente y fuerza. A medida que crecemos en nuestro amor por Dios, nuestra comprensión y gratitud se profundizan. El **Salmo 73:26** nos ofrece seguridad: *"Mi carne y mi corazón pueden desfallecer, pero Dios es la roca de mi corazón y mi porción para siempre"*. Dios fortalece nuestro corazón y nuestra mente, guiándonos por el camino eterno (**Jeremías 17:9-10**).

Debemos dejar que el Espíritu Santo nos guíe. **2 Corintios 3:18** destaca el poder transformador del Espíritu de Dios: *"Así todos nosotros, con el rostro descubierto, contemplando como en un espejo la gloria del Señor, nos vamos transformando de gloria en gloria en la misma imagen; porque esto es obra del Señor, que es el Espíritu."*

Esta transformación es sobrenatural y guiada por el Espíritu de Dios. Sin embargo, el enemigo busca sembrar dudas y confusión. **Efesios 4:22-24** nos instruye a despojarnos de nuestro viejo yo y ser renovados en el espíritu de nuestra mente:

"... despojaos del viejo hombre, que pertenece a vuestra manera de vivir y está viciado por los deseos engañosos, y renovaos en el espíritu de vuestra mente, y vestíos del nuevo hombre, creado a la semejanza de Dios en la justicia y santidad de la verdad."

Por lo tanto, somos nuevas criaturas en Cristo (**2 Corintios 5:7**), y nuestro viejo yo queda atrás. Cuando flaqueamos, oramos para que Dios renueve el Espíritu correcto dentro de nosotros (**Salmo 51:10**). Por esa razón, **Hebreos 10:22** nos anima a acercarnos a Dios con un corazón sincero y plena seguridad de fe. Así, renovar y limpiar nuestra mente permite que el Espíritu Santo more dentro de nosotros. **Romanos 1:28** nos advierte contra el desprecio por Dios y la entrega a una mente reprobada. En lugar de ello, debemos destruir los argumentos en contra del conocimiento de Dios y llevar cautivo todo pensamiento a la obediencia a Cristo (**2 Corintios 10:5**).

Al hacer esto, se nos garantiza una promesa de paz. **Isaías 26:3** promete paz a quienes tienen una mente firme porque confían en Dios. Debemos guardar nuestro corazón por encima de todo, ya que todo lo que hacemos fluye de él (**Proverbios 4:23**). Esta paz, que sobrepasa todo entendimiento, guardará nuestro corazón y nuestra mente en Cristo Jesús (**Filipenses 4:8**). Deleitarnos en la ley de Dios y meditar en ella día y noche, como dice el **Salmo 1:2**, transforma nuestra mente y nos alinea con Su Espíritu.

Por otro lado, es fundamental tocar el tema del miedo. El miedo es una emoción humana y, a menudo, nos vemos dominados por esta emoción negativa y paralizante. En el mundo secular, el miedo se describe como (Evidencia falsa que parece real), y más veces de las que queremos admitir, tendemos a creer las mentiras que el enemigo envía a nuestras mentes. Esto provoca retrasos y oportunidades perdidas en el propósito de nuestra vida. Recuerde, el enemigo vino a robar, matar y destruir. **(Juan 10:10)** Estemos alerta y conscientes de nuestra mentalidad, sabiendo lo que dice **2 Timoteo 1:7**:

"Porque no nos ha dado Dios un espíritu de cobardía, sino de poder, de amor y de dominio propio".

Es por eso que abrazamos el Espíritu de Dios para que nos ayude a tener éxito en esta transformación. **Romanos 8:6** contrasta claramente los resultados de poner nuestra mente en la carne frente al Espíritu: *"Porque poner la mente en la carne es muerte, pero poner la mente en el Espíritu es vida y paz".*

Este contraste subraya la importancia de alinearnos con el Espíritu de Dios. Debemos creer que se nos ha dado un espíritu de poder, amor y dominio propio (**2 Timoteo 1:7**). Meditar en la Palabra de Dios diariamente (**Salmo 19:14**) garantiza que nuestros pensamientos y palabras sean agradables a Él.

Por eso le pedimos a Dios que escudriñe nuestro corazón y nos guíe por el camino eterno (**Salmo 139:23-24**). Debemos recordar que la Escritura nos equipa para toda buena obra (**2 Timoteo 3:16-17**), y Dios quiere que estemos completos y listos para nuestro viaje hacia la luz. Al renovar nuestra mente y vivir por el Espíritu, nos alineamos con la voluntad de Dios y experimentamos una verdadera transformación.

Tu tiempo

¿En qué etapa del viaje de transformación de la mente te encuentras? Comparte con tu prójimo
____
____
____

A partir de esta lección, ¿cómo puedes cambiar tu mente de reprobada a una mente semejante a la de Dios?
____
____
____

Autorreflexión y establecimiento de metas (Escribe 1 o 2 hábitos que te ayudarán a transformar tu vida)
____
____
____
____

Capítulo 7

El Costo de Caminar en la Luz

¿Qué se necesita para caminar en la luz? Para empezar, nos damos cuenta de que caminar en la luz trae más beneficios que caminar en la oscuridad. A medida que avanzamos hacia la luz, tomamos conciencia del camino que recorremos hasta que nos vemos en el espejo de la imagen de Dios, porque fuimos creados a su imagen (**Génesis 1:27**). Adán y Eva, hombre y mujer, fueron bendecidos por Dios (v. 28). Dios les pidió que fueran fructíferos, que se multiplicaran, que palparan la tierra y la sojuzgaran.

Sí, Dios quería que gobernáramos el mundo según sus términos. Al igual que Adán y Eva, debemos aprender a viajar ligeros. Dejamos atrás la vieja versión de nosotros mismos, personas, amigos, lugares y cosas que no nos benefician, y comenzamos un nuevo viaje con un nuevo conjunto de herramientas, el Espíritu Santo de Dios, una nube de testigos ante nosotros para animarnos, un escudo completamente nuevo llamado fe y la espada poderosa, la palabra de Dios. Tenemos una armadura completamente nueva para defendernos y protegernos.

Tenemos todo lo que necesitamos para tener éxito porque sabemos que Dios está de nuestro lado. Sin embargo, es cuando nacemos de nuevo que comienza todo el proceso. (**1 Pedro 3:21**) dice: *"Y esta agua simboliza el bautismo que ahora también los salva; no quitando las impurezas del cuerpo, sino como una garantía de una conciencia limpia hacia Dios. Los salva por la resurrección de Jesucristo".*

Este renacimiento es una garantía de una conciencia limpia hacia Dios. Tienes una pizarra limpia y una mente clara para comenzar tu viaje, y has hecho espacio para que las bendiciones de Dios entren en tu vida. Vaciaste tu copa para que se llenara con el Espíritu de Dios, el discernimiento y la buena sabiduría de Dios. Además, obtienes la paz que sobrepasa todo entendimiento cuando oras al Señor. **Filipenses 4:6-7** dice:

"No se preocupen por nada; más bien, en toda ocasión, mediante oración y ruego, presenten sus peticiones a Dios y denle gracias. Y la paz de Dios, que sobrepasa todo entendimiento, guardará sus corazones y sus pensamientos en Cristo Jesús."

Asi comienzas a prosperar y a vivir la vida más feliz no porque todo sea perfecto en tu vida, sino porque vives en el ahora confiando en Dios al 100% y no en tu poder, fuerza o habilidades personales. Experimentas la presencia de Dios a través del Espíritu Santo en la Palabra de Dios que habita ricamente en tu vida. (**Colosenses 3:16**) Por lo tanto, cuando estás lleno del Espíritu Santo, rico en la palabra, tu mente está enfocada en el ahora y tu fe es fuerte. Tu mente se renueva diariamente. (**Romanos 12:2**) También ofreces tu cuerpo como sacrificio vivo. (**Romanos 12:1**) Entonces y solo entonces, estás listo para vivir una vida santa apartada con un propósito en Dios. Estás listo para vivir una vida recta, y tu mente está alineada con Dios.

Al caminar con Dios, te comprometerás a vivir para Él. Este es un nuevo estado de ser porque eres una nueva criatura, y como nueva criatura, crearás nuevos hábitos en tu vida que te ayudarán a encontrar y mantener una vida equilibrada en el cuerpo, la mente y el Espíritu.

Por lo tanto, dejas atrás el viejo tú. **Lucas 9:23** dice: *"Y decía a todos: Si alguno quiere venir en pos de mí, niéguese a sí mismo, tome su cruz cada día, y sígame"*. Este es un compromiso diario. **Gálatas 2:20** dice:

"Con Cristo estoy juntamente crucificado, y ya no vivo yo, mas vive Cristo en mí; y lo que ahora vivo en la carne, lo vivo en la fe del Hijo de Dios, el cual me amó y se entregó a sí mismo por mí". **Romanos 6:1** dice*: "¿Qué, pues, diremos? ¿Continuaremos en el pecado para que la gracia abunde? ¡De ninguna manera! Los que hemos muerto al pecado, ¿cómo viviremos aún en él?*

Hay muchos más versículos que explican la necesidad de que nos neguemos a nosotros mismos, sepamos que la carne fue crucificada con Cristo y que estamos muertos al pecado. Este es el verdadero costo, pero si entendiéramos la libertad que nos dio la sangre de Jesús, nunca podríamos sentir ningún deseo de volver a la oscuridad. En cambio, crearás nuevos hábitos para mantener tu mente enfocada en lo que te ayudará a ser fiel a él en agradecimiento.

En consecuencia, no nos conformamos al patrón de este mundo. (**Romanos 12:2**) y tu mentalidad comienza a cambiar en la forma en que piensas. (**Filipenses 4:8**) Tendrás tu mente en modo alerta, fijada en la esperanza en la gracia de Dios. También preparas tu mente para la acción. (**1 Pedro 1:13-16**) Preparas tu mente para vivir una vida que coincida con los nuevos valores en los que crees.

Eres una persona completamente nueva con una vida y un propósito completamente nuevos. Si nos vemos a la deriva, volvemos a lo básico. Sabemos que sin fe es imposible agradar a Dios. (**Hebreos 11:6**) Sabemos que cuanto más leamos y meditemos en la poderosa palabra de Dios, más creceremos y nos volveremos valientes para creer en Dios y continuar este camino. (**Josué 1:8**)

Esta vida consciente traerá éxito y prosperidad a nuestras vidas, y por defecto, el amor de Dios y por el Señor crecerá en nuestros corazones. Cuanto más lo conozcamos, más claridad experimentaremos y más fieles seremos. Cuanto más tiempo pasemos en oración, más cerca estaremos de él hasta llegar a un nivel de intimidad espiritual y un sentido de unidad, tal como lo hizo Jesús con el Padre. (**Juan 17:11**) Necesitamos buscar ser uno con el Señor, buscar su presencia para encontrar la verdadera paz que viene de su sabiduría y buen juicio.

Esta verdadera intimidad espiritual con el Señor te dará la fuerza que necesitas para soportar las luchas que enfrentas en este viaje. Debes saber que no estás solo; por lo tanto, confiarás sin dudar porque lo conoces y lo amas.

Finalmente, a través de esta transformación, te aseguro que ya no desearás seguir viviendo en pecado. Y si lo haces, te arrepentirás hasta erradicar todo rastro de pecado de tu vida. Esta es la meta por la que luchamos. Seguiremos enfrentando las artimañas del diablo diariamente, pero lo hacemos con el conocimiento de que Jesús ya triunfó.

No olvides que somos bendecidos y equipados con fe y fortaleza espiritual en Dios. Sabemos que la Palabra de Dios es nuestra excelente arma en nuestra fe y es un escudo de protección. **1 Juan 1:6-7** dice: *"Si decimos que tenemos comunión con él, pero andamos en tinieblas, mentimos y no practicamos la verdad. 7 Pero si andamos en la luz, como él está en la luz, tenemos comunión unos con otros, y la sangre de Jesucristo, su Hijo, nos limpia de todo pecado"*. Seguiremos exponiendo toda oscuridad a la luz. Esa es nuestra misión y eso es lo que se necesita para andar en la luz.

Tu tiempo

¿Cuáles son las cosas que te ha resultado difícil dejar atrás?
_____
_____
_____

Nombra las 3 experiencias importantes que has vivido en este viaje.
_____
_____
_____

Autorreflexión y establecimiento de metas (establezca una meta que le ayude a comprometerse con Cristo)
_____
_____
_____
_____

Capítulo 8

Cosas que Hacer antes de Comenzar tu Viaje

Preparar el equipaje para nuestro viaje puede ser abrumador, especialmente cuando no conocemos el camino. Por eso, miramos la lista de equipaje que nos dio Dios, ya que nos dio un nuevo viaje y un nuevo comienzo en la vida. Dios nos proporciona un mapa de ruta y un conjunto de herramientas para llevar con nosotros. Lo primero que debemos creer cuando iniciamos el viaje hacia la luz es que estamos listos, incluso si pensamos que no lo estamos. Somos novatos y nos sentimos débiles, pero no nos preocupamos porque no estamos solos. El Señor, el Espíritu y una nube de testigos nos rodean para animarnos en el camino. También tenemos compañeros de peregrinación para alentarnos en el camino. Como dijo Jesús en **Juan 14:6**: *"Jesús le respondió: "Yo soy el camino, la verdad y la vida. Nadie viene al Padre sino por mí"*. Jesús es todo lo que necesitamos para este viaje. Nos da su palabra, fuerza, sabiduría, dones espirituales, un ejemplo a seguir y su Espíritu.

En primer lugar, sabemos que Jesús es el camino al Padre. A través de él, podemos acercarnos al Padre. Muchos tratan de saltar la valla y engañar al sistema, pero nadie puede engañar a Dios. Entramos en este viaje en los términos de Dios al rendirnos a él por completo. Le pertenecemos porque fuimos comprados con la sangre de Jesús a un alto precio. Si pensamos que estamos en este viaje por nuestra cuenta, estamos caminando en una mentira. No es el viaje de Dios; no caminamos en la verdad porque él es la verdad. Él está vivo y vive en nosotros a través del Espíritu, guiándonos a la luz.

En segundo lugar, declaramos nuestra libertad al enemigo. **Éxodo 3:18** dice: *"Los ancianos de Israel te escucharán. Entonces tú y los ancianos irán al rey de Egipto y le dirán: "El Señor, el Dios de los hebreos, nos ha encontrado. Hagamos un viaje de tres días por el desierto para ofrecer sacrificios al Señor nuestro Dios"*. La historia de Moisés e Israel es fascinante y muy similar a nuestro viaje. En el versículo 19, Dios sabía que el pueblo de Israel enfrentaría oposición.

Él sabía que el pueblo de Dios necesitaba su mano poderosa porque estaban atados a la esclavitud bajo el yugo de Faraón. Por eso Moisés le declaró a Faraón que se iban. No pidieron permiso al enemigo para adorar al Dios verdadero y esto es exactamente lo que hacemos: confesamos y declaramos nuestra libertad al enemigo desde el momento en que nacemos de nuevo en Cristo. No dudamos y confiamos en Dios caminando hacia adelante y nunca mirando hacia atrás.

En tercer lugar, aprendemos rápidamente que no somos profetas de nuestra propia tierra. Nuestra familia y amigos pueden mostrar oposición. Notas que te conviertes en un ermitaño justo antes de entrar en la luz. De repente, te alejas de la gente, viejos amigos e incluso miembros de la familia. Los lugares que solías visitar ya no los quieres y las cosas que solías anhelar, ya no las quieres. Esto significa que tu transformación ha comenzado.

Lo más importante es que tu mentalidad comienza a cambiar. Estás renovando tu mente al purgar y dejar ir la vieja versión de ti; reemplazándola con el estudio de la palabra que alimenta el espíritu. Empiezas a cuidar tu cuerpo aún más que antes, pero no en vano. Ahora consideras tu cuerpo como el templo Santo de Dios.

De esta manera, **Efesios 4:22-24** dice:

"En cuanto a la pasada manera de vivir, despojaos del viejo hombre, que está viciado por los deseos engañosos, y renovaos en la actitud de vuestra mente, y vestíos del nuevo hombre, creado a imagen de Dios, en la justicia y santidad de la verdad."

Nadie puede hacer esto por ti. Nos despojamos de nuestro viejo hombre, y nos volvemos nuevos y fuertes en nuestra fe y espíritu para enfrentar las tentaciones y pruebas de este viaje. Veremos cómo la nueva actitud de nuestra mente, creada por Dios en justicia y santidad, transforma nuestras vidas.

1 Pedro 1:13-14 dice: *"Por tanto, con un entendimiento alerta y completamente sobrio, pongan su esperanza en la gracia que se les traerá cuando Jesucristo sea revelado. Como hijos obedientes, no se conformen a los malos deseos que tenían cuando vivían en la ignorancia"*. Por lo tanto, con un entendimiento alerta y completamente sobrio, ponemos nuestra esperanza en la gracia de Dios y nos comprometemos a vivir una vida apartada para los propósitos de Dios, tomando toda la armadura de Dios. **Efesios 6:13** dice:

"Por tanto, tomen toda la armadura de Dios, para que puedan resistir en el día malo, y habiendo acabado todo, estar firmes".

Sabiendo que nuestro enemigo no está en la carne, él usará personas, lugares y cosas de este mundo. Por esa razón, Dios nos viste para pelear nuestras batallas en el reino espiritual. Como dice **Efesios 6:10-12**: *"Por lo demás, fortalézcanse en el Señor y en el poder de su fuerza. Pónganse toda la armadura de Dios para que puedan estar firmes contra las asechanzas del diablo. Porque nuestra lucha no es contra sangre y carne, sino contra principados, contra potestades, contra los gobernadores de este siglo de tinieblas, contra huestes espirituales de maldad en las regiones celestiales."*

Al tener claridad en tu mente de que la persecución, el mal y la oposición que enfrentamos no es contra sangre y carne, entendemos que somos guiados por el Espíritu y vivimos por el Espíritu. De esta manera, cuando estás alerta, ves tu entorno, personas y situaciones que puedan surgir en contra de tu misión a través del lente de Dios, no te desvías ni te desvías. Jesús conocía su misión y se enfocó 100% en ella. No se desvió ni la dio por sentada. Quería agradar a su Padre en amor y obediencia. Jesús enfrentó insultos, trampas, persecuciones, agresiones, blasfemias, traiciones, aislamiento y todo tipo de oposición. Fue el ejemplo perfecto de fortaleza, fidelidad, fe y obediencia.

El apóstol Pablo enfatiza en **Romanos 8:31**: *"¿Qué, pues, diremos en respuesta a estas cosas? Si Dios es por nosotros, ¿quién contra nosotros?"* Sabes que Dios está contigo cuando tus pensamientos son los pensamientos de Dios y tu mente está alineada con Cristo. Dios protege nuestro viaje en Cristo porque Dios está por ti, por lo que tu fe aumentará y nunca dudarás de tu misión en este mundo. Entonces, no temerás a nada y confiarás plenamente en Dios pase lo que pase. Recuerda, tu vieja mentalidad intentará infiltrarse para llevarte de regreso a viejos hábitos sin fe, pero tu nueva fe, basada en la verdad de Dios y la presencia del Espíritu Santo, te guiará y te fortalecerá.

Finalmente, recuerda que cuando llegues a la luz, aprenderás que Cristo tiene y es todo lo que necesitas para maniobrar a través de este viaje. **2 Samuel 22:2-4** dice: *"Él dijo: "El Señor es mi roca, mi castillo y mi libertador; Dios mío, mi roca en quien me refugio; escudo mío y fuerza de mi salvación; mi fortaleza y mi refugio; salvador mío, de la violencia me libras. "Invoco al Señor, que es digno de ser alabado, y soy salvo de mis enemigos"*. Estas son las palabras que declaramos en medio de nuestras pruebas. Declaramos al enemigo que estamos libres de la esclavitud y que él no tiene poder sobre nosotros. Debemos creer esto con todo nuestro corazón, mente y alma. Como resultado, cuando empezamos a sentir oposición y persecución, esperamos usar la palabra de Dios y sus promesas de seguir firmes hasta el final.

Tu tiempo

¿Cuáles son tus expectativas en este nuevo Camino en Cristo?
_____
_____
_____
_____

Nombra tres cosas importantes que aprendiste para lidiar con la oposición y las pruebas.
_____
_____
_____
_____

Autorreflexión y establecimiento de objetivos : ¿Qué necesitas trabajar para poder enfrentar la oposición?
_____
_____
_____
_____
_____

Capítulo 9

Construyendo Desde lo que Tienes

Saber quiénes somos y a quién pertenecemos fortalece nuestra confianza y nuestra fe. Dejamos atrás la vida anterior y caminamos paso a paso viviendo el presente. Empezamos a evaluar nuestro inventario y a valorar los increíbles recursos que el Señor nos ha dado desde nuestro nacimiento espiritual. Reconocemos nuestras capacidades y limitaciones y empezamos a trabajar en nuestro propósito.

No necesitamos todo lo que creemos necesitar para cumplir nuestro propósito. Este es un trabajo en progreso y Dios dirige nuestros pasos. Solo necesitamos confiar plenamente en Dios mientras hacemos su voluntad perfecta. Hay muchas lecciones que aprender a medida que caminamos en este viaje. Date cuenta de que ya tienes dones. Dentro de ti, hay dones que aún no has descubierto acerca de ti mismo. Todo don es de Dios (**Santiago 1:17**).

Mientras tanto, creces en el conocimiento de Dios. Creces al buscar la comunión, compartir las buenas noticias con otros y estar en constante oración. Estos tres te ayudarán a desarrollar el Espíritu, que, en consecuencia, revelará los dones que tienes en el Reino, que es la iglesia.

Recuerda, todavía estás luchando contra la vieja mente y los viejos hábitos. Solo Dios, a través del Espíritu, puede ayudarte a enfocarte. Tu mente intentará mantenerte atado a tus dudas, miedos, cicatrices y falta de valor. La mente te quitará energía. Intentará obstaculizar tu fe y evitar que te alinees con Dios. La mente es obstinada porque no es espiritual y te impedirá deshacerte de lo que ya no te sirve. Esto es parte de morir a tu viejo yo, y ahora eres consciente y estás convencido de que tu mente es limitada y esencialmente mundana. Nuestro objetivo es estar alineados con Dios.

En **Hebreos 12:1-3**, el apóstol escribe: *"Por tanto, nosotros también, teniendo en derredor nuestro tan grande nube de testigos, despojémonos de todo peso y del pecado que nos asedia, y corramos con paciencia la carrera que tenemos por delante, puestos los ojos en Jesús, el autor y consumador de la fe, quien por el gozo puesto delante de él soportó la cruz, menospreciando la vergüenza que ella significaba, y se sentó a la diestra del trono de Dios. Consideren a aquel que soportó tal oposición de parte de los pecadores, para que no se cansen ni desmayen".*

Jesús, el autor y consumador de nuestra fe, quiere que nos deshagamos de la carga que llevamos de la vieja vida y cortemos todo lo que nos mantiene enredados. Quiere que nos enfoquemos en Él y en la carrera que debemos correr. Él es nuestro ejemplo.

Se centró en su misión y fue obediente hasta el final. El gozo fue su motivación para cumplir su propósito, y su recompensa fue ser colocado en la diestra de Dios. Jesús, la palabra hecha carne, partió de su reino celestial con el Padre y aceptó su condición de ser humano.

Cuando aceptamos nuestra condición actual como seres espirituales que viven una vida terrenal, construimos nuestra nueva vida y creemos que Dios nos ha dado todo lo que necesitamos para tener éxito. No debemos compararnos con nadie que nos rodee. Confiamos y obedecemos las instrucciones de nuestro Señor, aunque la lógica del mundo o la de nuestro interior piensen que es descabellada. Como lo hizo Jesús, nos humillamos y confiamos ciegamente.

Deja ir el control y deja que Dios te muestre sus maravillosas obras en su tiempo. Cuando confiamos plenamente y soltamos el control, encontramos paz, alegría y tiempo para crecer. Por lo tanto, no nos preocuparemos porque sabemos que el que envió a su hijo a morir realmente está cuidando de nosotros. Aprendamos del Salvador. Él fue obediente hasta el final.

Ahora somos ciudadanos del cielo que vivimos en la tierra. Ya no vivimos en el dominio de las tinieblas. Hemos sido llevados al reino de Dios (Colosenses 1:13). Fuimos llevados a un reino espiritual y ahora estamos en este viaje hasta llegar a nuestro lugar celestial.

Por lo tanto, estas son algunas de las bendiciones que recibimos al convertirnos en hijos de Dios: seguridad, autoridad e intimidad con Dios (**Romanos 8:15**), certeza (**Romanos 8:16**), herencia (**Romanos 8:17**), redención y perdón por medio de su sangre (**Efesios 1:7**), sellados con el Espíritu Santo (**Efesios 1:13-14**), la palabra de Dios (**2 Timoteo 3:16**), la armadura de Dios (**Efesios 6:10**), adopción, guía, comunión, compañerismo en el Espíritu, un sentido de pertenencia, provisión, cuidado, protección, sanidad, amistad con Jesús, unidad con Dios y con Jesús.

Además, si vivimos por el Espíritu, producimos amor, gozo, paz, paciencia, benignidad, bondad, fe, mansedumbre y dominio propio (Gálatas 5:22-23). La lista es suficiente para que desarrollemos la gratitud, la cual hace crecer nuestro amor por nuestro Salvador y nuestro prójimo. Estamos completamente equipados para este viaje hacia la luz; nuestro amor genuino nos impulsa y nos anima a actuar con fidelidad.

Por eso, aunque todavía batallamos con la carne y el ego que intentan mantenernos atados a las cosas de esta tierra, morimos poco a poco cada día a ellas. Con el amor que desarrollamos hacia Dios y con la ayuda del Espíritu Santo, somos capaces de disciplinarnos para adquirir hábitos piadosos que nos hagan más fuertes. Cuando disciplinamos nuestro cuerpo, comemos saludablemente, hacemos ejercicio, dormimos y nos abstenemos de alimentos y prácticas nocivas. Lo mismo sucede con nuestro cuerpo espiritual. Debemos alimentarlo con la palabra de Dios diariamente y ejercitar nuestra santidad, justicia y el fruto del Espíritu.

Descansamos y oramos a Dios y nos abstenemos de conductas impías y pecaminosas que vienen a través de nuestros sentidos. Es un verdadero cambio de mentalidad. (**Filipenses 4:8**) Finalmente, nos esforzamos por no vivir más con miedo, ni actuar desde el ego, ni desde el trauma porque sabemos que estamos perdonados y que vamos a ser sanados completamente. Somos una nueva criatura creada en Cristo para buenas obras, las cuales Dios preparó de antemano para que anduviésemos en ellas. (**Efesios 2:10**)

Tu tiempo

¿Cómo puedes describir las bendiciones que has experimentado ahora que estás en Cristo?
___
___
___

¿Te sientes plenamente equipado para emprender este viaje hacia la luz? ¿Qué más te falta o qué necesitas eliminar de tu vida?
___
___
___

Autorreflexión y establecimiento de objetivos (¿Cuál es su próximo paso para comprometerse plenamente con este viaje?)
___
___
___
___

Capítulo 10

Una Vida con Propósito y Servicio

Cuando nos convertimos en luz del mundo, nos convertimos en el cambio y moramos en la protección de Dios porque descubrimos nuestro propósito y servicio en Cristo. En este punto, vivimos con una fe inquebrantable. No importa lo que se nos presente, nos mantendremos firmes y no recurriremos al miedo, la ansiedad o la preocupación. Llegar a este punto en la vida no es fácil, pero somos conscientes de la forma en que pensamos en todo momento, sabiendo que el Espíritu domina la mente y el corazón. Cuando nos damos cuenta de quiénes somos, descubrimos nuestros dones y talentos. Esta comprensión nos ayudó a encontrar nuestro propósito y misión en este mundo de acuerdo con lo que se necesita en el reino de Dios y en el mundo. Tendemos a centrarnos solo en alimentar el cuerpo y la mente cuando estamos desequilibrados y nos olvidamos de alimentar nuestras almas, fallando en encontrar nuestro verdadero propósito. Vivir en el presente significa estar centrados y conscientes de quienes somos. En otras palabras, mantenemos nuestra verdadera identidad en la luz de Dios, no en la del mundo. Nos automonitoreamos y nos miramos en el espejo o en la Palabra de Dios.

Santiago 1:23-25 dice: *"El que escucha la palabra pero no la pone en práctica es como el que se mira la cara en un espejo y, después de mirarse, se va y enseguida olvida cómo es. Pero el que mira atentamente la ley perfecta que da la libertad y persevera en ella (no olvidándose de lo que ha oído sino poniéndolo en práctica), éste será bienaventurado en lo que haga".*

Tenemos éxito cuando escuchamos, hacemos caso a las instrucciones y actuamos. El versículo 25 implica que cuando actuamos de acuerdo con la ley perfecta que da la libertad y procedemos a la acción, seremos bienaventurados en lo que hagamos. Esta acción involucra nuestro cuerpo, mente y alma para refinar nuestro servicio y propósito.

Cuanto más nos conozcamos a nosotros mismos, mejor podremos servir a Dios porque utilizaremos nuestros dones y talentos de la mejor manera. Además, debemos considerar el impacto de nuestras muchas distracciones en la vida. Estas distracciones se basan en nuestros malos hábitos de vida y relaciones dañinas. Vivimos en un mundo muy ruidoso donde escuchamos muchas voces a nuestro alrededor. Sentimos la prisa del mundo por buscar el éxito mundano y las cosas materiales y seguimos llenándonos de los placeres de nuestra carne cuando, en realidad, estamos descuidando nuestra alma. Cuando tomamos conciencia de las decisiones de la vida, podemos considerar lo que el Maestro y el Creador tienen en mente para nosotros. Tomamos decisiones más sabias y tenemos una mejor comprensión de nuestros dones y talentos.

1 Pedro 2:9, dice: *"Mas vosotros sois linaje escogido, real sacerdocio, nación santa, pueblo adquirido por Dios, para que anunciéis las virtudes de aquel que os llamó de las tinieblas a su luz admirable."* Como creyentes, nos despertamos cada día teniendo presente quiénes somos, pueblo escogido, unidos al Espíritu para recordarnos nuestro propósito ya que Él nos llamó de las tinieblas a su luz admirable. Cuando reconocemos el valor de este don, sabemos que no podemos mantener en secreto la libertad, la paz y la sabiduría que tenemos en Cristo. En la Biblia, encontramos grandes ejemplos de hombres reales que lucharon en la vida con el pecado, pero lucharon por vivir una vida de servicio y propósito.

Hechos 13:36 dice: *"Y habiendo servido David al propósito de Dios en su propia generación, durmió; fue sepultado con sus antepasados, y su cuerpo se descompuso."*

El rey David sirvió al propósito de Dios en su generación. David era conocido como un hombre conforme al corazón de Dios, alguien que falló en la gracia pero fue considerado por Dios como un rey que se mantuvo firme en su poder y fe y alguien que realmente conocía su lugar en la tierra. El Dios Altísimo tenía un propósito para David desde que era un niño pequeño, y David decidió seguir el propósito de Dios en su vida después de que Samuel lo ungiera con aceite. **Jeremías 29:11** dice: *"Porque yo sé muy bien los planes que tengo para ustedes —declara el Señor—, planes de bienestar y no de calamidad, a fin de darles un futuro y una esperanza"*. El Señor quiere equiparnos para cumplir su misión en nuestras vidas. Nos asegura que nos escuchará si lo buscamos con todo nuestro corazón.

Mateo 16:26-27 dice: *"¿De qué le servirá a alguien ganar el mundo entero si pierde su alma? ¿O qué podrá uno dar a cambio de su alma? Porque el Hijo del Hombre vendrá en la gloria de su Padre con sus ángeles, y entonces pagará a cada uno conforme a sus obras."* El impulso de un cambio de mentalidad es inevitable porque nuestra perspectiva ha cambiado desde que recibimos al Espíritu Santo en nuestras vidas; por lo tanto, el Señor prometió recompensarnos conforme a lo que hayamos hecho.

Esa recompensa llega una vez que cumplimos nuestro propósito y servicio. Nos damos cuenta de que tenemos un camino con un destino; sin embargo, estamos llamados a experimentar y enfocarnos para sobresalir en este viaje. Queremos saber la dirección correcta de nuestro camino hacia la luz. Ya que el destino nos espera, nos enfocamos en el camino que está justo frente a nosotros.

El destino está en nuestra mente y corazón, pero nuestro enfoque es buscar la elevación al pasar las pruebas y tentaciones que tenemos en el camino hacia nuestro destino.

Ciertamente, tenemos un propósito terrenal en un propósito espiritual. Ambos están entrelazados. Tenemos una relación horizontal con el mundo. Nuestra experiencia en la tierra involucra nuestra profesión, carrera, amigos y relaciones familiares. Pero tenemos una relación vertical con el Dios Todopoderoso. Es por eso que cuanto más nos conocemos a nosotros mismos, nuestras habilidades, nuestros dones, nuestras fortalezas y debilidades, mejor estaremos caminando en nuestro viaje. Si somos responsables y honestos con nosotros mismos, sabemos que necesitamos trabajar en áreas que nos están frenando; en esas áreas, somos débiles. El enemigo sabe cómo atacarnos atrapándonos en el miedo, el estrés y la preocupación por el pasado o el futuro. El día que nos demos cuenta de que nuestro cuerpo es solo un recipiente hermoso y que nuestra mente está atada a las cosas terrenales, entenderemos que el Espíritu es lo que nos hace quienes somos en la plenitud de Dios. Una vez que esto se internalice, cultivaremos una vida espiritual y nos preocuparemos menos por las cosas de este mundo.

Contamos con Dios a través de la Conciencia de Cristo. Usamos los recursos de Dios, como La Santa Palabra, su Espíritu, la oración y la comunión con personas que tienen la misma mentalidad que Jesús. Si nos enfocamos solo en las cosas terrenales, fallaremos en nuestro propósito espiritual porque la carne está en contra del Espíritu. **Gálatas 5:16-18**, Pablo dice:

"Digo, pues: Andad en el Espíritu, y no satisfagáis los deseos de la carne. Porque el deseo de la carne es contra el Espíritu, y el del

Espíritu es contra la carne. Ambos están en conflicto entre sí, para que no hagáis lo que queráis. Pero si sois guiados por el Espíritu, no estáis bajo la ley."

El mundo espiritual con Dios es perfecto porque no está atado a la carne. Sabemos que seremos probados y enfrentaremos oposición en este viaje hacia la luz. Vemos varios ejemplos en la historia del mundo y en la Biblia que muestran a personas que superaron las pruebas y la oposición porque confiaron en Dios. También vemos a otros que fracasaron porque confiaron solo en sí mismos. Por ejemplo, el profeta Daniel es uno de mis favoritos. Fue aprobado ante Dios por su integridad, devoción y obediencia contra todo pronóstico. Aunque tenía un propósito terrenal en el reino de Babilonia, siguió viviendo en el presente y se centró en su propósito espiritual con Dios. Al igual que él, nuestra integridad y fe serán puestas a prueba. Vea **Daniel 1:8**: *"Pero Daniel se propuso no contaminarse con la comida y el vino del rey, y pidió permiso al oficial principal para no contaminarse de esa manera".*

Daniel fue elegido para ser uno de los 120 sátrapas y creció en la escalera del éxito debido al favor de Dios en él. Tenía un propósito terrenal y uno celestial. Daniel enfrentó desafíos y ataques de sus enemigos, pero supo usar las armas de la fe. Oraba tres veces al día pidiendo la dirección de Dios. Nunca descuidó su propósito con Dios ni su misión en la tierra como gobernador de Babilonia. El Señor estaba con él y lo salvó del foso de los leones. Resolvió glorificar a su padre hasta la muerte y ganó el favor del Señor Dios y del rey. Sirvió fielmente y fue promovido por Dios y el rey. Se sumergió en las bendiciones de la tierra y del Espíritu. El carácter de Daniel fue probado y visto en la lupa de los hombres. **Daniel 6:3-4**, dice:

"Ahora bien, Daniel se distinguió tanto entre los administradores y los sátrapas por sus cualidades excepcionales que el rey pensó en ponerlo sobre todo el reino. Ante esto, los administradores y los sátrapas trataron de encontrar motivos para acusar a Daniel en su gestión de los asuntos gubernamentales, pero no pudieron hacerlo. No pudieron encontrar corrupción en él, porque era digno de confianza y no corrupto ni negligente."

Es increíble cómo Daniel mantuvo su integridad en un mundo tan corrupto. Aunque el enemigo conspiró contra él, él persistió porque fue fiel a Dios. Daniel confió en Dios al 100%. No le importaba si vivía o moría porque sabía cuán poderoso era su Dios. Se entregó al viaje, a su misión y a su propósito.

No llevaba sobre sí toda la carga ni el esfuerzo de su labor. Tenía la ayuda de Dios para rescatarlo. La fe inquebrantable de Daniel y su confianza plena en Dios lo salvaron. Como resultado, el nombre de Dios fue exaltado en toda la tierra de una nación, Babilonia. Versículo 26: *"Por mí escribo un decreto que en toda la tierra de mi reino se tema y se tema al Dios de Daniel"*. Así es como Daniel prosperó. Se mantuvo firme hasta el final y preparó su mente para la acción. Si Daniel pudo hacerlo, tú también puedes. Dios estará contigo en tu propósito y servicio. A partir de este día, confía en el Señor y deja que te muestre su propósito en tu vida.

Tu tiempo

¿Conoces el propósito del Señor en tu vida?
_____
_____
_____
_____

A partir de esta lección, ¿qué puedes hacer para identificar tu propósito?
_____
_____
_____
_____

Autorreflexión y establecimiento de objetivos (Escribe 1 o 2 objetivos que te prepararán para identificar tu propósito)
_____
_____
_____
_____
_____

Capítulo 11

Anclado en la Fe

En el momento en que nacemos de nuevo, del agua y del Espíritu, sabemos que hemos entrado en una nueva vida en Cristo. En ese momento, recibimos una nueva y poderosa vestimenta para protegernos y defendernos. Nos convertimos en parte del ejército de Dios y recibimos la poderosa armadura de Dios como está escrito en **Efesios 6:13-18**:

"Por tanto, tomen toda la armadura de Dios, para que puedan resistir en el día malo, y después de haber acabado todo, estar firmes. Estad, pues, firmes, ceñidos vuestros lomos con la verdad, cubiertos con la coraza de justicia y calzados los pies con el apresto del evangelio de la paz. Sobre todo, tomen el escudo de la fe, con que puedan apagar todos los dardos de fuego del maligno".

En este capítulo, estamos explorando cómo podemos estar anclados en la fe. La fe es nuestro escudo y nuestra protección. Es lo que necesitamos tomar como soldado de Cristo para mantener nuestro corazón protegido de los ataques y las flechas de fuego que el enemigo nos lanza. La pregunta es: ¿Qué tan grande es tu escudo? Si tienes un escudo pequeño, estarás expuesto sin protección. En **Hebreos 11:1-3**, leemos la famosa definición de fe:

"Ahora bien, la fe es la confianza en lo que se espera, la certeza de lo que no se ve. En esto fueron aprobados los antiguos. Por la fe entendemos que el universo fue formado por orden de Dios, de modo que lo que se ve no fue hecho de lo que no se veía".

Por lo tanto, la fe definitivamente significa tener confianza ciega en Dios. Es darle a Dios un cheque en blanco sin vacilaciones ni fecha de vencimiento. La clave es saber quién es Dios y reconocer lo que ha hecho por nosotros y la humanidad. Entonces nos damos cuenta de lo confiable y poderoso que es.

La fe es como un músculo: cuanto más lo ejercitas, más fuerte y grande se vuelve. Hacer crecer la fe implica tiempo y esfuerzo, no solo creer. También implica una excelente paciencia. En **Isaías 40:31**, el profeta dice: *"Aun los muchachos se cansan y se fatigan, y los jóvenes tropiezan y caen; pero los que esperan en el Señor renovarán sus fuerzas. Volarán con alas como las águilas; correrán, y no se cansarán; caminarán, y no se fatigarán."*

Las recompensas por confiar no son comparables con el dolor de esperar pacientemente en el Señor. Una evidencia notable de la fe es la ausencia de temor y permanecer en la firmeza de Dios. Una de las señales de que tienes una fe fuerte es la paz que sobrepasa todo entendimiento (Filipenses 4:6). Tienes la seguridad de que Dios te ama y se preocupa por ti, por lo que confías en el proceso, incluso si parece imposible a los ojos de los hombres.

Isaías 41:10 dice: *"Así que no temas, porque yo estoy contigo; no desmayes, porque yo soy tu Dios que te esfuerzo y te ayudo; te sostendré con la diestra de mi justicia."* El profeta creía esto. ¿Lo crees tú? ¿Por qué dudamos del Dios Altísimo? Cuando confiamos plenamente en Dios, vivimos una vida equilibrada. No vacilamos porque confiamos plenamente en lo que el Señor hace en nuestras vidas. A veces, sentimos que nada está sucediendo y que Dios se olvidó de nosotros, pero si creemos en Dios, no nos sentiremos abrumados. Estaremos libres de ansiedad. Isaías 43:2 dice: "Cuando pases por las aguas, yo estaré contigo; y cuando pases por los ríos, no te anegarán. Cuando pases por el fuego, no te quemarás, ni la llama te abrasará."

Estamos seguros de que el Señor nos ama, nos protege y nunca nos abandona. Sabemos que es confiable y que es sabio.

Estamos llamados a permanecer firmes, pero también a veces a avanzar como lo afirma **Filipenses 3:12-14**. Así que, mientras caminamos en este camino hacia la luz, inevitablemente, debemos dejar cosas atrás y avanzar cuando se nos indica.

A veces estamos llamados a estar quietos **(Salmos 46:10)**, pero a veces, estamos llamados a movernos y luchar con armas espirituales. No importa lo que pase, cuando confiamos en Dios, cada paso es firme. Dios está dispuesto a darnos todo lo que necesitamos para tener éxito en el camino a través de la fe.

Sabemos que sin fe, es imposible agradar a Dios. (**Hebreos 11:6**) Entendemos quién es Dios, y él recompensa a quienes lo buscan. Dios no es una especie de Papá Noel que cumple todos nuestros deseos egoístas personales. Él es un Dios y Padre amoroso que nos bendice por gracia a través de la fe. (**Efesios 2:8**)

Por eso, no tenemos más que gratitud en nuestro corazón y una innegable sensación de paz cuando reconocemos su fidelidad y amor incondicional por nosotros. Él nos recibe tal como somos para transformarnos a su propia imagen. Él quiere fortalecer y aumentar nuestra fe para que podamos defendernos del pecado. La fe solo funciona si estás completamente comprometido y convencido.

En **Mateo 21**, Jesús tenía hambre y vio una higuera sin fruto. No encontró en ella nada más que hojas verdes. Entonces le dijo: Que nunca más des fruto (...), y Jesús le respondió en **Mateo 21**: *"De cierto os digo que si tenéis fe en mí, no dudéis, no sólo haréis lo de la higuera, sino que también podréis decir a este monte: échate al mar, y será hecho."*

Si crees, recibirás todo lo que pidas en oración en el tiempo de Dios y en Su voluntad. Jesús estaba en completa alineación, sumisión y obediencia al Padre, así debemos estar nosotros. Así es como funciona la fe cuando vives en obediencia. Sabemos que es por la fe que somos justificados (**Gálatas 2:16**). Sabemos que en todas las cosas, Dios obra para el bien de quienes lo aman. (**Romanos 8:20**) Por eso, fijamos nuestros ojos en Jesús, el consumador de nuestra fe (**Hebreos 12**). Él está obrando en tu vida, especialmente cuando se lo permites, incluso tras bastidores. La fe es creer que Él está obrando aunque pases por el valle de la muerte o si las circunstancias te parecen extrañas.

Ciertamente, sabes que tu fe será puesta a prueba diariamente para refinar su calidad y durabilidad. La prueba de nuestra fe produce perseverancia (**Santiago 1:3**), y se demuestra a través de las acciones. Las palabras no bastan. Debemos mostrar públicamente nuestra fe, o está muerta, según (**Santiago 2:17**). Pero, ¿cómo adquirimos la fe? Según **Romanos 10:17**: *"La fe es por el oír, y el oír, por la palabra de Dios"*. Usamos nuestro corazón para creer y para almacenar nuestra fe. La fe es lo que trae la convicción y la profesión de nuestra boca de ser salvos. En consecuencia, procedemos a permanecer firmes en la fe, sabiendo que muchos compañeros peregrinos sufren pruebas similares alrededor del mundo (**1 Pedro 5:9**). Además, la vida que vivimos es por fe en el Hijo de Dios que nos amó y se entregó por nosotros (**Gálatas 2:20**).

Tomamos una decisión consciente de hacer crecer nuestra fe. Leemos en **Hebreos 11** sobre múltiples ejemplos de fe a lo largo de la historia de la Biblia. Cada ejemplo nos muestra diferentes formas en que personas como tú y yo confiaron en Dios. Vivieron y vieron suceder cosas asombrosas porque confiaron en el Señor su Dios, quien creó el universo.

Dios sabe lo que es mejor para nosotros, por lo que nos rendimos a Su voluntad. Estar anclado en la fe significa confiar plenamente en Dios sin importar cuán difícil o dura pueda ser la vida. Es dejar ir el control, hacer tu parte y dejar que Dios haga la suya.

Por eso, cuando conocemos a Dios a través de su palabra y del ejemplo de Jesús, nunca dudaremos. Veamos el ejemplo de Pedro cuando caminó sobre el agua en **Mateo 14:22-23**:

"Señor, si eres tú", le respondió Pedro, "mándame que vaya hacia ti sobre el agua". "Ven", le dijo. Entonces Pedro descendió de la barca, caminó sobre el agua y fue hacia Jesús. Pero al ver el fuerte viento, tuvo miedo y, comenzando a hundirse, gritó: "¡Señor, sálvame!". Inmediatamente Jesús extendió la mano y lo agarró. "Hombre de poca fe", le dijo, "¿por qué dudaste?"

En este pasaje, nos vemos en este espejo. Pedro le pidió a Jesús lo imposible: caminar sobre el agua. Él habló y el Señor estuvo de acuerdo con él. Al igual que Pedro, tenemos una fe valiente al principio. Hacemos lo imposible según la ciencia y la visión del mundo, pero olvidamos que nuestra fe será puesta a prueba. El enemigo nos enviará distracciones y nos atacará diariamente para que desviemos nuestra mirada de Jesús, nuestro entrenador.

Sin embargo, también podemos ver cómo el Señor salvó a Pedro cuando clamaba para ser salvo. Jesús lo salvó, lo corrigió con gentileza y desafió sus dudas. Uno pensaría que a estas alturas Pedro, después de haber visto tantos milagros de Jesús, ya sabía lo que Jesús era capaz de hacer. Pero vemos la naturaleza humana en Pedro en acción tal como sucede en nosotros.

Amigos, profesaremos lo que creemos. Debemos hablar lo que creemos en nuestro corazón. Por esa razón, seremos conscientes de lo que decimos. ¿Estamos hablando desde un lugar de miedo y derrota? ¿O estamos hablando desde un lugar de fe y victoria? Cuando vivimos alineados con la voluntad de Dios, sabemos que el Señor concederá nuestra oración, pero si no sucede es porque no es el momento para ello, o algo debe suceder antes de que nuestra oración sea concedida.

El punto es que cuando caminamos en un valle desierto de esqueletos, podemos profetizar vida en cada situación muerta en nuestras vidas. No estamos llamados a conformarnos con situaciones en la vida que nos traen dolor. Hay lecciones de fe que aprender aquí. **Mateo 19:26**, Jesús dijo: *"Jesús los miró y dijo: Para los hombres esto es imposible, pero paraDios todo es posible."*

Por lo tanto, ¿En quién va a creer? ¿En Dios o los hombres? Dios quiere que salgamos del dolor del pecado, la enfermedad o cualquier cosa que nos traiga aflicción a un lugar de gozo y paz porque Él está peleando la batalla por nosotros y con nosotros. Él nos ama y cuida; por lo tanto, nos librará y traerá sanidad, paz y gozo. Cuando seamos capaces de entender que somos capaces de cantarle alabanzas antes, durante y después de la prueba que enfrentamos. Él nos permitirá pasar por esa prueba después de haber aprendido la lección. Dios definitivamente quiere que no estemos preocupados. Confiaremos en Su juicio, Su tiempo y Sus promesas.

Podemos ver un ejemplo vívido de esto en el caso de Pablo y Silas cuando estaban en prisión en el libro de **Hechos 16: 22-26**:

"La multitud se abalanzó sobre Pablo y Silas, y los magistrados ordenaron que los desnudaran y los azotaran con varas. Después de haber sido severamente azotados, los arrojaron a la cárcel, y se le ordenó al carcelero que los vigilara con cuidado. Cuando recibió estas órdenes, los metió en la celda interior y les sujetó los pies en el cepo. Cerca de la medianoche, Pablo y Silas oraban y cantaban himnos a Dios, y los otros presos los escuchaban. De repente se produjo un terremoto tan fuerte que se sacudieron los cimientos de la cárcel. Al instante se abrieron todas las puertas de la cárcel, y las cadenas de todos se soltaron."

Hay que vivir en el Espíritu de Dios para no dejarse vencer por el dolor y la pena en estas circunstancias. Las Escrituras no dicen que se quejaban de los golpes y la humillación. En cambio, los presos los escuchaban mientras cantaban canciones y oraban al Señor. Esa es la evidencia sobrenatural del poder de Dios a través del Espíritu Santo que moraba en Pablo y Silas.

Por lo tanto, en las peores pruebas que enfrentamos, debemos estar llenos del Espíritu Santo para soportarlas cantando, orando y meditando constantemente en la palabra de Dios. Así es como ganamos fuerza y aumentamos nuestra fe. Nada ni nadie podrá apartarte de caminar sobre las aguas. Ahí es donde el Señor quiere que estés. Deja que las preocupaciones y las dudas pasen. No apartes tu rostro del Gran Maestro Jesús. Dedica tiempo a conocerlo mejor para anclar plenamente tu fe en Él.

Tu tiempo

¿Cómo sabes cuando estás anclado en la fe?
_____
_____
_____
_____
_____

Nombra 5 cosas que puedes hacer para aumentar tu fe.
_____
_____
_____
_____

Autorreflexión y establecimiento de metas. ¿Cuál es el siguiente paso para anclar su fe?
_____
_____
_____
_____

Capítulo 12

Tu Cuerpo como Templo

El Señor te conoce por dentro y por fuera. Conoce la profundidad de tus pensamientos y los caminos de tu corazón. No podemos ocultarle nada. Al leer y meditar en el **Salmo 139**, encontramos tesoros escondidos que no conocíamos de nosotros mismos. Nos veremos reflejados en esos maravillosos versículos. En los versículos 1 y 2, el rey David dice: *"Señor, tú me has examinado y me conoces. Sabes cuándo me siento y cuándo me levanto; percibes de lejos mis pensamientos"*. David es consciente de las fatigas de la vida que atravesamos desde la mañana hasta la noche, pero Dios puede alcanzarte sin importar cuán bajo caigas en las decisiones de tu vida. Mira los versículos 7 y 8: *"¿A dónde me iré de tu Espíritu? ¿A dónde huiré de tu presencia? Si subo a los cielos, allí estás tú; si preparo mi lecho en las profundidades, allí estás tú"*. Cuando nos alejamos de Dios, a veces nos sentimos inalcanzables y sin esperanza, y parece imposible alcanzar la plenitud. Esto se debe a que olvidamos lo que Dios puede hacer en nuestras vidas si creemos.

Algunos de nosotros crecimos en un entorno donde el valor personal no era importante. Estábamos rodeados de personas que no nos guiaban hacia la grandeza. Algunos de nosotros fuimos abusados mental, espiritual y físicamente. Permítanme decirles alto y claro que estos eventos dolorosos no definen quiénes somos, ni definen nuestro destino en Cristo. Lea lo que dicen los versículos **13-16**:

"Porque tú creaste mis entrañas; me formaste en el vientre de mi madre. Te alabo porque soy una creación admirable, porque tus obras son maravillosas. Yo lo sé muy bien. No te fue ocultado mi cuerpo cuando en lo secreto fui formado, cuando era entretejido en lo más profundo de la tierra. Tus ojos vieron mi embrión; en tu libro estaban escritos todos los días ordenados para mí antes que uno de ellos fuera."

El Señor todopoderoso te hizo perfecto desde el nacimiento. Tu cuerpo, mente y alma. Algunos de nosotros podemos tener una condición física o mental desde el nacimiento, pero eso es para mostrarle al mundo lo que Él puede hacer en tu cuerpo y mente. Él tiene un propósito: mostrarle al mundo en tu condición. En este mundo, algunos de nosotros crecimos en condiciones deplorables o en lugares de oscuridad. Sin embargo, aprendimos que *"para Dios nada es imposible"* **(Lucas 1:37)**. Dios puede traernos de abajo hacia arriba para mostrar su poder al mundo. Solo necesitamos creer, y esa fe producirá obediencia. El Señor no quiere que estés en esclavitud. Él te quiere libre. Por eso, mi querido lector, debes darte cuenta hoy y confirmar que si estás en Cristo, albergas a Dios mismo a través del Espíritu Santo.

En **1 Corintios 6:19-20**, el apóstol Pablo afirma: *"¿O ignoráis que vuestro cuerpo es templo del Espíritu Santo, el cual está en vosotros, el cual tenéis de Dios, y que no sois vuestros; habéis sido comprados por precio. Por tanto, honrad a Dios en vuestro cuerpo."* Vuestro cuerpo es un vaso especial que no debe ser contaminado, sino que debe honrar a nuestro Creador. No nos pertenecemos a nosotros mismos. Fuimos comprados cuando salimos de la oscuridad a la luz. Dios quiere que mostréis al mundo vuestras joyas, esas joyas que vienen de Él de adentro hacia afuera. Quiere que brilléis mejor que un diamante. Quiere que andéis dignos, puros, santos, justos y rectos ante Sus ojos y ante los ojos del mundo. ¡ERES VALIOSO A LOS OJOS DE DIOS!

Hubo un tiempo en el que Israel estuvo cautivo bajo el imperio persa. Durante el exilio, el templo de Dios quedó en la destrucción y la desolación. El templo perdió su gloria y el Señor llamó a Zorobabel, el gobernador, y a Josué, el sumo sacerdote, para reconstruir el templo. El Señor dijo en **Hageo 2:4-5**:

"Pero ahora, Zorobabel, esfuérzate, dice el Señor. Esfuérzate, Josué hijo de Josadac, sumo sacerdote. Esfuérzate, pueblo todo de la tierra, dice el Señor, y trabaja. Porque yo estoy con vosotros, dice el Señor de los ejércitos. Éste es el pacto que hice con vosotros cuando salisteis de Egipto. Y mi Espíritu permanecerá en medio de vosotros. No temáis".

El Señor llamó a los altos funcionarios, al sacerdote y al pueblo a ser fuertes y a trabajar. Les aseguró que no temieran porque Él había hecho un pacto. Él estaba con ellos y el Espíritu del Señor permanecía en ellos. De la misma manera, el Señor está con nosotros hoy para reconstruir y trabajar duro para preservar nuestro cuerpo, mente y alma, y no solo para preservarlo, sino para hacer grandes cosas para Su Gloria.

Por lo tanto, debemos hablar de las partes esenciales del cuerpo, empezando por la cabeza y la mente. En el Antiguo Testamento, vemos ejemplos de la unción que los reyes, sacerdotes y profetas recibían sobre sus cabezas. **Éxodo 29:7** dice con respecto al sacerdote: *"Después tomarás el aceite de la unción y lo derramarás sobre su cabeza, y lo ungirás"*. Y **Levítico 8:12** dice: *"Y derramó del aceite de la unción sobre la cabeza de Aarón, y lo ungió para consagrarlo"*. Una vez que somos limpios, en el momento en que nacemos de nuevo, sabemos que llegamos a ser parte del reino de los sacerdotes. (1 Pedro 2:9), y recibimos la unción del Espíritu Santo de Dios que mora en nuestro espíritu humano.

Por lo tanto, debemos vivir una vida santa como se requiere de los sacerdotes. Ahora, con respecto a la mente. La Biblia tiene miles de cosas que decir sobre la mente. El apóstol Pablo en **Romanos 12:2**, declaró:

"No os conforméis al mundo actual, sino transformaos por medio de la renovación de vuestro entendimiento. Así podréis comprobar cuál es la buena voluntad de Dios, agradable y perfecta". Este versículo implica una acción de nuestra parte. Decidimos no conformarnos al mundo actual y renovar nuestra mente para la transformación, pero ¿cómo? Renovamos la mentalidad en la carne a una mentalidad en el Espíritu. Logramos esto al ser guiados por la palabra de Dios y por su Espíritu. **1 Corintios 10:4-5** revela una acción profunda para nosotros:

"Las armas con las que luchamos no son las armas del mundo. Al contrario, tienen el poder divino para derribar fortalezas. 5 Destruimos argumentos y toda altivez que se levanta contra el conocimiento de Dios, y llevamos cautivo todo pensamiento para que se someta a Cristo."

Entendemos que podemos eliminar todo pensamiento, mentalidad o fortaleza malvada una vez que renovamos nuestra mente y cambiamos nuestros patrones de conducta con la ayuda del Espíritu. Debemos limpiar y renovar nuestra mente diariamente. Ahora, pasemos a nuestro hablar. La forma en que usamos nuestra boca o lengua. El último capítulo, El poder de la Palabra, explica lo que hacemos con la palabra.

Efesios 4:15 dice: *"Sino que hablando la verdad en amor, creceremos para ser en todo sentido el cuerpo perfecto de aquel que es la cabeza, esto es, Cristo."* Tu mente dirigirá a tu boca lo que debes decir a medida que madures en el cuerpo de Cristo. Comenzarás a practicar el autocontrol porque tu vida ahora está controlada por el Espíritu Santo y no por la carne. Además, nuestros corazones cambian a medida que nuestra mente pasa de la carne al Espíritu. Nuestro corazón está íntimamente ligado a nuestra mente, y nuestras emociones están ligadas a nuestro corazón. Entendemos que el alma contiene la mente y el corazón.

Proverbios 4:23 dice: *"Sobre todo, cuida tu corazón, porque de él mana toda tu vida."* Todo lo que hacemos fluye de nuestro corazón, por eso debemos protegerlo. Percibimos experiencias a través de nuestros sentidos: lo que escuchamos, vemos, olemos, gustamos y tocamos.

Esas sensaciones desencadenan emociones en nosotros, y cuando el Espíritu no nos guía, reaccionamos a esas experiencias sin discernimiento espiritual. Por lo tanto, terminamos en desilusión y en relaciones o situaciones no deseadas. Muchas veces, decidimos nuestro futuro basándonos en nuestro estado emocional actual, actuando por nuestra propia voluntad y no por la voluntad de Dios, por lo que debemos tener cuidado con lo que entra a través de nuestros sentidos. En **Mateo 6:22-23**, el escritor del Evangelio afirma:

"El ojo es la lámpara del cuerpo. Si tus ojos están sanos, todo tu cuerpo estará lleno de luz; pero si tus ojos están enfermos, todo tu cuerpo estará lleno de oscuridad. Si la luz que hay en ti es oscuridad, ¡cuánta oscuridad no será la misma!."

Este versículo implica una acción de nuestra parte. Decidimos lo que permitimos que entre a nuestra mente y a nuestro cuerpo a través de nuestros ojos. Debemos proteger nuestra mente del menú que ofrece este mundo. Debes estar decidido a decir no y limitar las salidas de las redes sociales o de las personas que pueden descarrilarte. La palabra de Dios nos guía e instruye sobre lo que podemos o no podemos hacer para mantener nuestros ojos limpios.

La pregunta es, ¿cómo mantenemos nuestros ojos sanos? Querido lector, es a través de nuestros ojos que presenciamos y percibimos experiencias y eventos que traen luz u oscuridad a nuestros cuerpos. Nosotros decidimos lo que permitimos que nuestros sentidos reciban. Aquí es donde entra la santidad. Debemos cortar todo lo que nos impida ser Santos o cualquier cosa que nos distraiga de nuestro propósito en Dios. **1 Corintios 10:31** dice: *"Así que, ya sea que coman o beban o hagan cualquier otra cosa, háganlo todo para la gloria de Dios".* Además, el apóstol Pablo enseñó una lección profunda sobre el funcionamiento de nuestros cuerpos. **1 Corintios 6:12-20** dice:

"Pero el que se une al Señor, un espíritu es con él. Huyan de la fornicación. Todos los demás pecados que una persona comete están fuera del cuerpo, pero el que comete fornicación peca contra su propio cuerpo. ¿No saben que su cuerpo es templo del Espíritu Santo, el cual está en ustedes y el cual recibieron de Dios? No son sus propios dueños, sino que fueron comprados por un precio. Por lo tanto, honren su cuerpo con Él."

Estamos llamados a no profanar este santo templo de Dios. ¿Alguna vez te has visto a ti mismo como el Santo Templo de Dios, donde habita la luz y la presencia del Espíritu Santo de Dios?

Pablo continúa en **1 Corintios 3:16-17**: *"¿No saben que ustedes mismos son templo de Dios y que el Espíritu de Dios habita en medio de ustedes? Si alguno destruye el templo de Dios, Dios destruirá a esa persona, porque el templo de Dios es sagrado, y ustedes juntos son ese templo."* En consecuencia, ahora sabemos que cuidar este cuerpo va más allá de las razones saludables. Una razón espiritual para un mayor peso nos obliga a cuidar nuestro cuerpo.

Pablo amonestó a los hermanos en **1 Timoteo 4:8**: *"Porque el ejercicio físico aprovecha poco, pero la piedad aprovecha para todo, pues tiene promesa de la vida presente y de la venidera."* Además, *"Porque sembramos en el cuerpo natural, pero resucitamos en el cuerpo espiritual"* **(1 Corintios 15:44)**.

Por lo tanto, ya que ahora somos seres espirituales que vivimos en un hogar terrenal según la palabra de Dios, glorifiquemos al Señor todopoderoso en nuestro cuerpo, mente, corazón y alma.

Finalmente, tenga en cuenta que, dado que tenemos al Espíritu Santo dentro de nosotros, debemos mantener nuestro templo impecable. Debemos esforzarnos por lograr la santidad, la justicia y la pureza en el espíritu. No podemos pretender que el Señor habite y actúe en nuestras vidas mientras vivimos una vida en la carne.

Por lo tanto, permita que el Espíritu Santo tome posesión y control de su vida. Así es como encontrará y cumplirá el propósito de Dios en su vida. Recuerde que Él lo creó y quién mejor que Él para guiarlo en la dirección correcta. Este es tu acto diario, verdadero y apropiado de adoración.

Tu tiempo

¿Qué valor tiene tu cuerpo para el reino de Dios?
_____
_____
_____
_____

Nombra 3 ideas principales que aprendiste en este capítulo.
_____
_____
_____
_____
_____

Autorreflexión y establecimiento de metas (establezca una o dos metas inmediatas para mantener su cuerpo SANTO para Dios)
_____
_____
_____
_____
_____

Capítulo 13

El Poder de la Palabra

Que tu alma esté preparada para digerir la magnífica sustancia de la palabra de Dios. Es la fuerza más poderosa y transformadora que jamás haya existido. El Señor Dios dijo en **Génesis 1:3-4**: *"Sea la luz, y fue la luz. Dios vio que la luz era buena, y separó la luz de las tinieblas"*. A través de Su palabra, el Señor creó los árboles, las plantas, los cuerpos celestes y el océano, separando las aguas de arriba y de abajo. Él habló Su palabra, y las cosas se hicieron. Hay un poder increíble en Su palabra. Dios nos hizo a Su imagen (**Génesis 1:26**). Por lo tanto, en realidad, la palabra que sale de nuestra boca también es poderosa, y el potencial de este poder comienza en nuestra mente, alma y espíritu. Lo que hablamos a través de nuestra boca refleja nuestro estado interior, que se manifiesta en acciones. Hacemos lo que creemos profundamente en nuestro corazón.

Las palabras tienen poder espiritual como la energía potencial que se encuentra en una semilla. Hay una intención dentro de ellas. Hay una expectativa después de que se pronuncia una palabra. Las palabras que decimos dirigen nuestros pasos y, en última instancia, nuestro destino. Pueden edificarnos o desanimarnos. Por eso debemos elegir cuidadosamente las palabras que usamos. Pueden maldecirnos o bendecirnos a nosotros y a los demás.

Debemos ser cuidadosos y estar atentos a las palabras que escuchamos, decimos o leemos en una canción, en las redes sociales o en un libro. Las palabras tienen el poder de traer vida o muerte. **Santiago 3:9** dice: *"Con la lengua alabamos al Señor y Padre, y con ella maldecimos a los seres humanos, que han sido hechos a la semejanza de Dios."* Revelamos la abundancia de lo que hay en nuestros corazones por lo que hablamos.

Los fariseos revelaron su maldad al hablar. Jesús, **Mateo 12:34** dijo: *"¡Camada de víboras! ¿Cómo pueden ustedes, siendo malos, decir algo bueno? Porque de lo que está lleno el corazón habla la boca."* Querido amigo, podemos escondernos por un tiempo, pero no para siempre. Con el tiempo, tu mente impregnará el estado de tu corazón y puede bendecirte o maldecirte.

Proverbios 18:21 dice: *"La lengua tiene poder de vida y muerte, y el que la ama comerá de su fruto."* Sembraremos a partir de las palabras que nos decimos a nosotros mismos y a los demás. Nuestra palabra es verdaderamente transformadora en nuestras vidas y en las vidas de los demás. Recuerda que tu propósito está ligado a lo que decimos e influye en quienes pueden escucharte.

Para nuestro beneficio, tenemos la bendición de contar con la palabra de Dios. En **Salmos 119:105**, David mencionó que la palabra de Dios es una lámpara para sus pies, una luz en su camino. Su palabra es una lámpara para iluminar el camino y nuestra mente cuando sentimos que nos estamos alejando. En **Hebreos 4:12**, la palabra dice: *"Porque la palabra de Dios es viva y eficaz, y más cortante que cualquier espada de dos filos; penetra hasta partir el alma y el espíritu, las coyunturas y los tuétanos, y discierne los pensamientos y las intenciones del corazón."* La palabra de Dios analiza nuestras actitudes y puede leer profundamente nuestro corazón y sus intenciones.

Ninguna otra palabra puede hacer esto. La palabra trae salvación a todos los hombres. **(Romanos 1:16)** La palabra de Dios nos limpia. **(Juan 15:3)** La palabra de Dios también tiene muchos usos: enseña, edifica, equipa, corrige, reprende y entrena. **(2 Timoteo 3:16)**

Es nuestro pan de cada día. **(Mateo 4:4)** Nacemos de nuevo por medio de la palabra viva de Dios. **(1 Pedro 1:23)** Su palabra está obrando en aquellos que creen.
En **1 Tesalonicenses 2:13**, Su palabra cumplirá lo que Dios se había propuesto para nosotros. **(Isaías 55:11)** Sana y libera. **(Salmos 107:20)** La palabra nos santifica porque es verdad. **(Juan 17:17)** La palabra de Dios puede morar en abundancia en nuestros corazones **(Colosenses 3:16)**, nos da Espíritu y vida. **(Juan 6:63)** Es un escudo para los que se refugian en ella. **(Proverbios 30:5)** La palabra de Dios es eterna. **(Mateo 24:35)** Podríamos pasar el resto de nuestras vidas buscando los efectos positivos y valiosos de la palabra de Dios en nuestras vidas. Estos son solo algunos de ellos.

Una cosa que debemos tener en cuenta es lo que sucede cuando nos desanimamos. Hay un mensaje interno, el diálogo interno, que podría dañarnos o retrasarnos en nuestro camino hacia la luz. No hay nada peor ni más perjudicial que el desánimo. Es el arma favorita del enemigo contra los que creen. No solo nos distrae, sino que nos puede paralizar si nos quedamos en él.

Hay muchos ejemplos en la Palabra. Por ejemplo, el Señor eligió a Josué para continuar el viaje de Israel hacia la tierra prometida. Estaba abrumado y desanimado debido a la muerte de Moisés. El Señor dijo en **Josué 1:9**: *"¿No te he ordenado que seas fuerte y valiente? No temas ni desmayes, porque el Señor tu Dios estará contigo dondequiera que vayas."*

La tarea de Josué era abrumadora, pero el Señor le ordenó que fuera fuerte y valiente. También prometió estar con él y no temer ni desanimarse. Querido lector, a veces, la resistencia y la fuerza de nuestra fe son puestas a prueba por Dios.

Debemos creer que el Señor que creó el mundo y realizó milagros asombrosos está caminando junto a ti. En otro ejemplo, el pueblo de Israel se sintió atrapado entre el Mar Rojo y los egipcios detrás de ellos, pero Dios les mostró cuánto los amaba y cuidaba mediante un acto milagroso increíble.

Por lo tanto, no es una sorpresa que la Biblia mencione la frase *"No temas"* 365 veces. ¿No es asombroso? El Señor quiere recordarte que no temas todos los días. Porque el miedo representa la Evidencia Falsa que Parece Real y no debemos permitir que gobierne nuestra mente. En *Juan 16:33*, Jesús dijo: *"Les he dicho estas cosas para que en mí encuentren paz. En este mundo tendrán aflicción. Pero ¡anímense! Yo he vencido al mundo."* Estas palabras alentadoras y transformadoras no son activas si no creemos en ellas. El milagro de la palabra que Dios habla y la palabra que decimos, se hacen realidad cuando realmente creemos en ellas.

Otro ejemplo es la historia de la elección de Gedeón. En ese tiempo los israelitas vivían oprimidos por los madianitas debido a su idolatría. Había desesperanza y desánimo. El ángel del Señor le habló a Gedeón en **Jueces 6:12-16**:

"El Señor se volvió hacia él y le dijo: "Ve con tu poder y salva a Israel de la mano de Madián. ¿No soy yo quien te envía?" "Perdóname, señor mío", respondió Gedeón, "pero ¿cómo podré salvar a Israel? Mi clan es el más débil de Manasés, y yo soy el más pequeño de mi familia". El Señor respondió: "Yo estaré contigo, y derrotarás a todos los madianitas sin dejar a ninguno con vida."

¿Puedes ver cómo habló Gedeón de sí mismo, de su familia y de Dios? ¿A quién le crees lo que Dios tiene que decir o lo que te dices a ti mismo? Esta es una gran lección y reflexión para nosotros.

Hablamos palabras sin fe que están contaminadas por la negatividad y las mentiras del enemigo. Cuando vivimos en pecado, es difícil ver la luz; ver la esperanza. Sin embargo, cuando el Señor habla, debemos creer que esas palabras son verdaderas.

Es por eso que debemos obedecerlo aunque no creamos porque más tarde, veremos el fruto de nuestro trabajo. Las palabras que nos decimos a nosotros mismos son vida o muerte para nosotros y los demás. Cree en ti mismo cuando estés alineado con el plan de Dios para tu vida y estarás en paz y satisfecho con lo que el Señor te dice. No creas al mundo, cree en la palabra de Dios para ti hasta que se conviertan en tus propias palabras.

Una estrategia para transformar la manera en que usamos nuestras palabras es a través de la gratitud. Cuando contamos las bendiciones que vienen de Dios, somos capaces de hablar palabras positivas y llenar nuestra mente de alegría. Sé consciente de que tu estado emocional en alineación con Dios reflejará solo la paz de Dios que sobrepasa todo entendimiento.

En **Josué 1:8**, el Señor dijo: *"Ten siempre en tus labios este libro de la ley, y medita en él de día y de noche, para que cuides de poner por obra todo lo que en él está escrito. Entonces serás prosperado y tendrás éxito."*

Amigos, la palabra de Dios nunca falla; es poderosa para ayudarte a superar cualquier situación que tengas en la vida si crees. *"Porque nada es imposible para Dios"* **(Lucas 1:37)**.

Además, el apóstol Pablo nos anima a vigilar y sazonar nuestro hablar. En **Efesios 4:29** *"No salga de vuestra boca ninguna palabra corrompida, sino sólo la que sea buena para la necesaria edificación, a fin de que imparta gracia a los oyentes"*. Y en **Colosenses 4:6** Pablo escribe: *"Sea vuestra manera de hablar siempre llena de gracia, sazonada con sal, para que sepáis cómo debéis responder a cada uno."*

Nuestro hablar refleja de lo que está lleno nuestro corazón; por lo tanto, refinar lo que pensamos, refinará lo que decimos. Si nos alimentamos constantemente de Su Palabra, nuestro hablar bendecirá a muchos porque ofrecerá sustancia, aliento, alabanza, honor y múltiples bendiciones para nosotros y para los demás.

Finalmente, como imitadores de Cristo estamos en esta tierra para continuar la misión de Jesús profetizada en **Isaías 61:1-3**. Os animo a leer este pasaje que nos insta a usar nuestras voces para proclamar la buena noticia y la libertad a los cautivos, vendar a los quebrantados de corazón, liberar a muchos de las tinieblas, proclamar el año agradable del Señor para consolar a los que lloran, proveer a los que sufren, otorgar una corona de hermosura, ungir con aceite y proveer un manto de alabanza a los demás.

Tu tiempo

¿Qué valor tiene para usted la palabra de Dios y por qué?
_____
_____
_____
_____
_____

Nombra 10 cosas en las que la palabra de Dios te ha ayudado en la vida.
_____
_____
_____
_____
_____

Autorreflexión y establecimiento de metas. ¿Qué más puedes hacer para que la palabra habite abundantemente en tu corazón?
_____
_____
_____
_____
_____

Capítulo 14

El Poder de la Comunión

Aquellos que caminan en este viaje hacia la luz, no pueden hacerlo solos. Ni siquiera Jesús caminó solo. Él escogió a 12 discípulos para capacitarlos y trabajar en el ministerio de Dios. Como saben, ellos no fueron educados de acuerdo a la sociedad porque al Señor le encanta mostrar su poder sobre la debilidad. El punto es que no fuimos creados para caminar y trabajar aislados. Nos necesitamos unos a otros. Hemos explorado el concepto de unidad entre Jesús y su padre. Vemos cómo Jesús deseaba que sus discípulos también fueran uno con Dios. Este nivel de intimidad tal vez nunca lo hayamos experimentado antes como humanos, ni siquiera como esposo y esposa.

En **1 Juan 1:5-6**, el apóstol afirma: *"Este es el mensaje que hemos oído de él, cuando les anunció que Dios es luz y que en él no hay ningunas tinieblas. Si decimos que tenemos comunión con él, pero andamos en tinieblas, mentimos en la verdad. Pero si andamos en la luz, como él está en la luz, tenemos comunión unos con otros en la sangre de Jesús, que no nos limpia de todo pecado."*

Es asombroso lo que sucede cuando estamos y andamos en comunión. La comunión, entonces, es un subproducto de andar en la luz. Cuando la sangre de Jesús nos purifica, brillamos aún más porque hay cada vez menos oscuridad dentro de nosotros.

No puedo evitar relacionar este versículo con la ocasión en que Jesús lavó los pies de los discípulos en **Juan 13**. Mientras disfrutaban de una comida juntos, Jesús, el gran Maestro, decidió enseñarles una lección de servicio y amor. En el versículo **1** dice: *"Habiendo amado a los suyos que estaban en el mundo, los amó hasta el fin."*

Esa noche y en la misma mesa, Jesús sabía que los discípulos sentados a su alrededor se dispersarían y el diablo incitó a Judas a traicionar a Jesús hasta la muerte. Aun así, Jesús decidió enseñarles a servir y a ser humildes unos con otros, y a mantener la comunión. El gran Maestro y Señor se quitó la ropa exterior y con una toalla procedió a lavar los pies de los discípulos, uno por uno. Para algunos, este acto de amor era repugnante. Sólo los siervos de baja condición hacían eso cuando entraban visitas en una casa como estaban acostumbrados, pero Jesús quería enseñarles a amarse unos a otros.

Esta misión en la tierra no era acerca de él mismo. Su misión, además de quitar los pecados del mundo entero, era la de entrenar a los discípulos y dejar un legado espiritual en el mundo. En el versículo **14 y 15** del mismo capítulo, Jesús dijo: *"Pues si yo, el Señor y el Maestro, les he lavado los pies, ustedes también deben lavarse los pies unos a otros. Les he dado ejemplo para que hagan lo mismo que yo les he hecho a ustedes"*, y en el versículo 17, dice: *"Ahora que saben estas cosas, serán benditos si las hacen."*

Hay muchas bendiciones cuando pasamos tiempo juntos y nos ayudamos mutuamente a ser responsables de mantenernos puros. Hay vida y un Espíritu que compartimos como miembros del cuerpo de Cristo que nos enciende unos a otros.

Es imposible descartar que hay un sentido de pertenencia cuando nacemos de nuevo. El apóstol Pablo lo explica en **1 Corintios 12:12-27**: *"Respecto al cuerpo de Cristo, somos miembros de un solo cuerpo"*. y en el versículo **13**, Pablo escribe: "Porque todos somos bautizados por un solo Espíritu para formar un solo cuerpo, ya seamos judíos o gentiles (...) a todos se nos dio a beber de un mismo Espíritu."

Recibimos el Espíritu de Dios cuando somos bautizados en Cristo, por lo que nos convertimos en uno colectivamente. Además, Jesús es la vid verdadera, y nosotros somos los sarmientos. Por lo tanto, todos estamos conectados y pertenecemos juntos por la sangre de Jesús. Se nos insta a permanecer en él y en su amor para dar fruto y amarnos unos a otros. (V12-13) Por lo tanto, es innegable que la comunión es parte de nuestro camino.

Estamos llamados a estar unidos en el Espíritu. (**Efesios 4:3**) A tener el mismo sentir. (**Filipenses 2:1-5**), y a llevar las cargas de los demás. (**Gálatas 6:2**) Debemos considerarnos, animarnos y estimularnos unos a otros hacia el amor y las buenas obras (**Hebreos 10:24-25**) y afilarnos unos a otros para ser una mejor versión de nosotros mismos. (**Proverbios 27:17**) En el cuerpo de Cristo, hay equidad y diversidad, y como todas las partes son diferentes y tienen diferentes funciones, nos necesitamos unos a otros y pertenecemos al mismo cuerpo.

Las ventajas de tener comunión son muchas. Tenemos una comunión vertical con Dios, el Padre, y Jesús. En 1 Corintios 1:9, Pablo escribió: "Fiel es Dios, que os llamó a la comunión con su Hijo, Jesucristo el Señor". También tenemos una comunión horizontal con los peregrinos de este viaje hacia la luz. Hechos 2:42 muestra cómo los cristianos del primer siglo se dedicaban a las enseñanzas de los apóstoles, al partimiento del pan y a la oración. Solo cuando tomamos en serio este viaje, nos damos cuenta de que el encuentro con otros cristianos es necesario para nuestro crecimiento y estímulo.

Sin embargo, otro aspecto importante es no tener comunión con lo que es injusto o malvado. ¿Por qué tendríamos comunión con la injusticia?

No podemos tener comunión con las tinieblas, que son impías y mundanas. Nos guardamos unos a otros de la contaminación del mundo y de nuestros deseos pecaminosos.

La única razón para entrar en las tinieblas es llevar a la gente a la luz. De lo contrario, no tendríamos nada que ver con la oscuridad. Como usted sabe, la comunión implica un cierto nivel de intimidad y cercanía con los demás. Podemos rendir cuentas y aprender de las experiencias de los demás, y si usted no ha experimentado la verdadera comunión, tal vez sea porque el Espíritu Santo no está en ese lugar.

El apóstol Pablo escribió: *"La gracia del Señor Jesucristo y el amor de Dios en la comunión del Espíritu Santo sean con todos ustedes"* (**2 Corintios 13:14**). Qué hermosa oración para hacer unos con otros. Necesitamos la gracia, el amor y la intimidad de Dios con el Espíritu para permanecer firmes y fuertes cuando enfrentamos luchas en nuestro viaje hacia la luz.

Finalmente, cuanto más comunión tengamos con Dios en la palabra y la oración, mejor será la comunión con los demás. Como expresó el rey Salomón en Eclesiastés 4:12: *"Aunque uno pueda ser vencido, dos pueden defenderse. Una cuerda de tres hilos no se rompe fácilmente"*. **Romanos 8:31** dice: *"¿Qué, pues, diremos en respuesta a estas cosas? Si Dios está por nosotros, ¿quién estará contra nosotros?"*

Tu tiempo

¿Qué valor tiene para usted la comunión y por qué?
_____
_____
_____

En su opinión, ¿cómo se podría mejorar la comunión entre los cristianos?
_____
_____
_____
_____
_____

Autorreflexión y establecimiento de metas (¿Cuál es tu próximo objetivo para mejorar tu comunión con Dios?)
_____
_____
_____
_____

Capítulo 15

La Bendición de la Gratitud

El don de sentirse agradecido es comparable a encontrar un vaso de agua en medio del desierto, respirar aire limpio en medio de un incendio o encontrar un donante de órganos días antes de un trasplante. Es sobre todo en esos momentos críticos e intensos de la vida que la mayoría de los seres humanos sentimos profundamente la emoción de la gratitud.

Inconscientemente, sabemos que le debemos a alguien un favor que no podríamos pagar o al menos reconocemos a una persona por mostrar un gesto inesperado de bondad sin importar cuán grande o pequeño sea.

Un sitio web publicó un post con esta definición de gratitud: *"Gratitud (Sustantivo). El estado positivo de estar agradecido; un sentimiento abrumador de aprecio y agradecimiento, y el deseo de devolver la bondad a los demás".* (Joy Worship) No hay nada mejor para un ser humano que la gratitud. Fuimos creados para expresar la emoción de la gratitud por muchas razones. Además, muchos beneficios y bendiciones provienen de tener gratitud porque es una experiencia multidimensional. Tener gratitud promueve la salud física, mental y espiritual. Nos ayuda a estar equilibrados y centrados. Este capítulo explorará ejemplos valiosos de gratitud y maneras de nutrir y aumentar los hábitos de gratitud.

Nuestro Señor Jesús se convirtió en el mejor ejemplo para nosotros. Siendo el hijo de Dios y bendecido con el poder del Espíritu Santo, Él agradeció al Señor en muchas ocasiones diferentes a través de la oración. Dio gracias por la multiplicación de los peces y los panes. (**Mateo 15:36, Marcos 8:6, Juan 6:11, 23**) Dio gracias a Dios por escuchar su oración. (**Juan 11:41**) Agradeció a Dios por la última cena con sus discípulos. (**Mateo 26:27, Marcos 14:23 y Lucas 22:17,19**)

Si te fijas, Jesús agradeció al Señor simplemente por escuchar su oración por el pan de cada día y por el asombroso milagro de la resurrección. Según **1 Tesalonicenses 5:16-18,** debemos: *"Estad siempre gozosos, orad sin cesar, dad gracias en toda situación, porque esta es la voluntad de Dios para vosotros en Cristo Jesús."* Podemos ver que es generalmente a través de la oración que damos gracias al Señor por todo.

Una de las características de la oración es la alabanza. La podemos ver en múltiples experiencias e historias bíblicas. Una de las historias más conocidas es la de los 10 leprosos en **Lucas 17:11-19**. Desde los versículos **12 al 13**, los leprosos clamaron a Jesús para ser sanados. Gritaron en voz alta: *"¡Jesús, Maestro, ten compasión de nosotros!."*

Jesús les dijo que fueran al sacerdote para ser purificados. Sólo uno, un samaritano, regresó alabando a Dios en voz alta y cayó a los pies de Jesús dándole las gracias (v. 15). Sólo el samaritano recibió una bendición directa de Jesús. Jesús le declaró: *"Levántate y vete; tu fe te ha sanado".* Fue la fe lo que lo sanó. La fe llamó a la acción y un sentimiento de profunda gratitud cambió su vida para siempre.

Esta historia es enfáticamente significativa por muchas razones. Estos leprosos fueron marginados por la sociedad, indignos y considerados malditos. No podían conseguir un trabajo, mezclarse con otros y luchaban solo para conseguir comida.

El Señor se glorifica en la debilidad. Sana el cuerpo, pero lo más importante, el alma. Este samaritano, un judío mestizo, estaba aún más dispuesto debido a su origen. Jesús le quitó su desgracia y esclavitud cultural, mental, emocional, espiritual y física.

No solo fue sanado. Fue liberado. A cambio, el samaritano agradeció y alabó a Jesús. Él adoró a Jesús cayendo a sus pies y le dio las gracias de corazón. Los otros nueve nunca regresaron para mostrar gratitud.

La gratitud tiene un aspecto reflexivo. Cuando sentimos gratitud, entramos en un estado de ser sanador y positivo. Contamos nuestras bendiciones, incluso en medio de nuestras dificultades. Comenzamos a reconocer y tomar conciencia de las cosas buenas que suceden a nuestro alrededor. Apreciamos las cosas más pequeñas que encontramos y milagrosamente nos sentimos más felices; nuestro estado de ánimo cambia y nuestra mirada se desplaza para ver lo bueno de la vida. Comenzamos a ver la luz en las cosas, en los demás y, en última instancia, en nosotros mismos.

Experimentar gratitud nos impulsa a ver la bondad en los demás; aumenta nuestra fe, esperanza, paz y confianza en Dios y en los demás. La gratitud crea un fuerte vínculo y amor mutuo. Se nos insta a dejar atrás el lenguaje grosero. **Efesios 5:4** dice: *"Ni obscenidades, ni necedades, ni groserías, que no son apropiadas, sino más bien acciones de gracias"*. En nuestras actitudes y oraciones, se nos ordena lo siguiente: *"No se inquieten por nada, sino preséntenle a Dios sus peticiones en toda oración y ruego, con acción de gracias"* (**Filipenses 4:6**). Finalmente, en **Colosenses 3:15-17**, Pablo escribe:

"Que la paz de Cristo gobierne en sus corazones, pues como miembros de un mismo cuerpo fueron llamados a la paz. Y sean agradecidos. Que la palabra de Cristo habite en abundancia entre ustedes, enseñándose y amonestándose unos a otros con toda sabiduría, cantando a Dios con gratitud en sus corazones con salmos, himnos y cánticos espirituales.

Y todo lo que hagan, ya sea de palabra o de hecho, háganlo todo en el nombre del Señor Jesús, dando gracias a Dios Padre por medio de él". La gratitud es un subproducto de la paz cuando Cristo gobierna en nuestros corazones por medio de su palabra. La forma en que hablamos cambia porque nuestros corazones cambian. Cantamos canciones, decimos la verdad con amor y hacemos todo en el nombre de Jesús. Estar agradecidos nos ayuda a recordar lo que el Señor ha hecho por nosotros y nos da la seguridad de su cuidado y amor por nosotros. Es por eso que la gratitud debe ser un hábito diario mientras caminamos en la luz.

Debemos recordar agradecer al Señor, a los demás y a nosotros mismos. Debemos practicar el diálogo interno no para presumir de nosotros mismos, sino para recordarnos que somos seres humanos capaces, amables, cariñosos y misericordiosos. Amamos y cuidamos a los demás, pero también nos amamos y cuidamos a nosotros mismos. Después de salir de una reunión, a menudo me digo: ¡Buen trabajo, Faby! Hiciste lo mejor que pudiste. ¡Gracias por cuidar tu mente, cuerpo y espíritu!

Hay muchas formas creativas de crear el hábito de la gratitud. Es una disciplina consciente, mental y espiritual. Por ejemplo, podemos llevar un diario de gratitud con fecha y lugar. Podemos practicar la atención plena, que es usar nuestros sentidos y estar agradecidos por lo que percibimos a través de nuestros sentidos. Podemos recopilar mensajes diarios de gratitud en un frasco para leerlos a fin de mes. Hay un millón de formas de practicar la gratitud. Al tomar acción, verás cómo la gratitud y la alabanza van de la mano. Descubrirás que no puedes agradecer a Dios sin alabar su nombre. Esa declaración con tu mente y tu boca es muy poderosa para centrarte en él y no en nuestros problemas. Al final nos sentimos realizados, esperanzados, más en paz y satisfechos.

Tu tiempo

¿Qué tan útil es la gratitud en tu caminar como cristiano?
_____
_____
_____
_____

Nombra 3 formas en las que puedes demostrar gratitud y aprecio.
_____
_____
_____

Autorreflexión y establecimiento de objetivos (¿Qué objetivo puedes establecer hoy para practicar la gratitud? Afirmación Puedo!)
_____
_____
_____
_____
_____
_____

Capítulo 16

Perseverancia en Cristo

Desde pequeña siempre he sido una rata de biblioteca y anhelaba aprender muchas cosas. Desde muy pequeña, mis padres me inscribieron en un sinfín de clases, como gimnasia, clases de cocina, costura, tejido, pintura, modelaje y etiqueta. No tenía un momento aburrido que perder. Este entrenamiento y otras disciplinas me capacitaron y cambiaron mi vida para siempre. Tuve el privilegio de practicar ballet durante 23 años y obtuve mi cinturón negro en Tang Soo Do Karate en mi vida adulta. El entrenamiento físico me enseñó muchas cosas.

Más allá de aprender el oficio, comprendí los fundamentos de la construcción de la disciplina y la resistencia desde muy temprana edad. Ambas disciplinas me enseñaron que se necesita tiempo, dedicación y esfuerzo para lograr un cierto nivel de desempeño. El nivel de desempeño dependía del nivel de habilidad del maestro pero, lo más importante, de mi compromiso de dar lo mejor de mí: mi tiempo, concentración, energía y pasión. Eso hizo una diferencia significativa en si daba una excelente actuación o si el trabajo que hacía se volvía digno de admiración.

En el camino espiritual con Cristo, nuestro tiempo, enfoque, energía y obediencia también importan para que obtengamos el nivel de resistencia que necesitamos para resistir las tentaciones y pruebas de fe por las que pasamos, pero esto viene de Dios, no solo de nuestra fuerza física. El amor de Cristo nos obliga, como dice **2 Corintios 5:14-17**:

"Porque el amor de Cristo nos obliga, habiendo llegado a esta conclusión: que uno murió por todos, y luego todos murieron. 15 Y por todos murió, para que los que viven, ya no vivan para sí, sino para aquel que murió y resucitó por ellos". Ya no vivimos para nosotros mismos.

Vivimos para Él, y Su amor por nosotros nos obliga, pero también, nuestro amor por Él nos motiva a confiar y obedecer al Maestro y perseverar hasta el final de nuestras vidas. Solo podemos entender ese amor cuando nos convertimos en hijos legítimos de Dios al nacer de nuevo del agua y del Espíritu. Por lo tanto, la vida que vivimos en esta tierra no es nuestra sino del Maestro.

El apóstol Pablo habló de nuestra salvación como una carrera en la que uno de los subproductos produce resistencia. No estamos solos en esta carrera. Tenemos animadores en nuestra carrera que nos alientan a mejorar nuestro ritmo y corregir la forma en que corremos. Como dice **Hebreos 12:1-2**:

"Por tanto, nosotros también, teniendo en derredor nuestro tan grande nube de testigos, despojémonos de todo peso y del pecado que nos asedia, y corramos con paciencia la carrera que tenemos por delante, puestos los ojos en Jesús, el autor y consumador de la fe, el cual por el gozo puesto delante de él sufrió la cruz, menospreciando la vergüenza, y se sentó a la diestra del trono de Dios."

Hay mucho que analizar de este versículo, pero como dije antes, la nube de testigos de creyentes que nos precedió dejó un legado de fe y resistencia que iguala o mejora. Se nos insta a quitarnos el peso del pecado y los malos hábitos que quedan atrás. Este peso nos impide correr la carrera para honrar a nuestro Maestro y Salvador, que pudo perseverar hasta el final. Él es el autor y consumador de nuestra fe en este viaje. Él es nuestro modelo a seguir. El gozo de salvarnos y redimirnos fue Su enfoque para poder soportar la cruel vergüenza de la cruz.

En otras palabras, el gozo de abrirnos las puertas del cielo fue más significativo que el dolor de soportar la cruz. Su amor incondicional y desinteresado por nosotros le permitió soportar tal prueba.

La palabra de Dios proporciona el plan de estudios perfecto para entrenar la resistencia. Nuestro Maestro, Jesús, pudo dominar estas habilidades mientras vivió en la tierra. Por lo tanto, debemos tomar acción y aprender habilidades espirituales esenciales para ganar resistencia. Debemos aprender a ser constantes y permanecer firmes, encontrar gozo en nuestros sufrimientos, despojarnos de todo peso, correr, mirar a Jesús, reinar con Él, no rendirnos, ganar fuerza, permanecer en el poder de Dios, arrojar nuestros temores sobre Él, resistir las tentaciones, huir del enemigo, ejercitar el autocontrol, disciplinar el cuerpo y vestir toda la armadura de Dios.

Por ejemplo, **Colosenses 1:11** dice: "*Fortalézcanse con todo poder, conforme a la potencia de su gloria, para toda paciencia y paciencia con gozo*". Obtenemos el poder de la resistencia y la paciencia durante nuestra temporada de entrenamiento de Su glorioso poder.

El poder viene de Él, así que cuanto más nos acerquemos a Dios, más empoderados seremos. Veamos el ejemplo de Moisés, como se afirma en **Éxodo 24:18:** *"Y Moisés entró en la nube y subió al monte. Y estuvo Moisés en el monte cuarenta días y cuarenta noches."* ¿Recuerdas cómo se veía cuando descendió? Su rostro estaba tan brillante que la gente no podía soportar mirarlo sin un velo.

Este ejemplo implica que al pasar tiempo con el Maestro, Jesús, nos iluminamos y fortalecemos antes de enfrentarnos al mundo. Recibimos el Espíritu Santo de Dios antes de comenzar este viaje, así como Jesús recibió el Espíritu Santo antes de ir al desierto.

Como cristianos, sabemos que hay un costo por vivir en Su gran poder. Sabemos que enfrentaremos muchas pruebas porque mientras luchemos contra la carne, el enemigo, que no duerme, traerá contiendas a nuestras vidas. **Santiago 1:2-4** dice: *"Hermanos míos, tened por sumo gozo cuando os halléis en diversas pruebas, sabiendo que la prueba de vuestra fe produce paciencia. Y que la paciencia tenga su obra completa, para que seáis perfectos y cabales, sin que os falte cosa alguna."*

Si queremos ganar resistencia, sabemos que pasaremos por numerosas pruebas de fe. Según Godsverse.org, *"La paciencia es muy importante en la fe cristiana. Derivada de la palabra hebrea "amad", la paciencia encarna las cualidades de compromiso inquebrantable, perseverancia y lealtad inquebrantable a Dios"*. Al conocer la profundidad de este compromiso, nos damos cuenta de que nuestra vida cristiana va más allá de asistir a la iglesia tres veces por semana, participar de la Cena del Señor y dar. Nuestro nivel de compromiso va más allá de una lista de acciones. La voluntad del Señor es que seamos perfectos y que no nos falte nada en absoluto.

Además, tenemos la seguridad de que si nos mantenemos firmes durante la prueba, recibiremos la corona de vida porque Él nos ama. (**Santiago 1:12**) Nuestra perspectiva cambia cuando vivimos alertas. Nos damos cuenta de que el Señor está con nosotros cuando llega una prueba y nos ayudará a soportarla. No importa lo difícil que sea para nosotros.

Romanos 5:3-4 dice: *"Y no sólo esto, sino que más aún nos gloriamos en las tribulaciones, sabiendo que la tribulación produce paciencia; y la paciencia, carácter probado; y el carácter probado, esperanza"*. El Señor permitirá la tentación del diablo en nuestras vidas porque quiere entrenarnos. Por ejemplo, sabemos que ir al gimnasio puede ser una experiencia dolorosa, especialmente si tienes un entrenador personal. Ellos te empujarán más allá de tus límites para tu propio bien.

En ese caso, no te gusta, pero te sientes satisfecho cuando ves los resultados que deseas. Por lo tanto, el producto final es la resistencia, el carácter y la esperanza. Has creado una confianza y una conexión íntimas con tu entrenador para que sigas su ejemplo.

A veces, nos sentiremos agotados, cansados y estresados, pero esto es para fortalecer nuestra confianza y nuestra capacidad de seguir adelante. Tu nivel de fe y esperanza aumentará a medida que veas los resultados de tu trabajo con la ayuda de Dios. Recuerda, esta resistencia solo se obtiene cuando nos rendimos a la voluntad de Dios; no es la nuestra. Gálatas 6:9 dice:

"No nos cansemos, pues, de hacer el bien, porque a su tiempo cosecharemos, si no desmayamos".

El enemigo te mentirá acerca del amor de Dios y te hará pensar en el desánimo, pero conocer el amor y la gracia inmutables de tu Maestro te ayudará a seguir adelante. Dominarás tu mente y la harás obediente a Cristo pase lo que pase. Según **2 Timoteo 2:12**, *"Si sufrimos, también reinaremos con él; si lo negamos, él también nos negará."*

Cuando enfrentamos pruebas espirituales, emocionales y físicas en nuestras vidas, sabemos que fuimos rescatados de la oscuridad y llevados al reino de Su amado Hijo. (**Colosenses 1:13**) Por lo tanto, reinamos con él en el momento en que sabemos que estamos en Su reino.

En consecuencia, también sabemos que, como dice **Mateo 24:13**: *"Mas el que persevere hasta el fin, ése será salvo"*. La carrera es hasta el final.

No hay vales para cuando llueva o volveré enseguida, Señor. No puedes abandonar el viaje o quedarás descalificado. De esta manera, Dios ofrece palabras de esperanza para quienes se cansan.

Isaías 40:30-31 dice:
"Aun los muchachos se cansan y se fatigan, y los jóvenes tropiezan y caen; pero los que esperan en el Señor renovarán sus fuerzas. Volarán con alas como las águilas; correrán y no se cansarán; caminarán y no se cansarán".

Estas palabras deben memorizarse. El Señor quiere darnos una perspectiva espiritual más alta independientemente de lo que el mundo o cualquier otra persona nos diga sobre nuestra situación. Debemos confiar en las palabras fieles e inmutables del Maestro. Seremos fortalecidos por el Espíritu, la Palabra, los ángeles y los compañeros peregrinos que nos rodean. **1 Corintios 9:24-27** nos lo aclara:

"¿No saben que en el estadio todos corren, pero uno solo obtiene el premio? Corran de tal manera que lo obtengan. Todo hombre se abstiene de todo, pues ellos lo hacen para recibir una corona corruptible, pero nosotros una incorruptible. Así que yo no corro como a un loco, ni peleo como quien golpea el aire, sino que golpeo mi cuerpo y lo pongo bajo control, no sea que, después de haber predicado a otros, yo mismo venga a ser descalificado."

Como todo deportista profesional, superamos nuestros desafíos para mejorar cada día. Dios nos da el talento y las condiciones físicas para ganar, pero nosotros ponemos el esfuerzo, la pasión y la disciplina de nuestro cuerpo para obtener el premio. ¡No nos rendimos! No queremos ser descalificados.

Como resultado, seremos recompensados por nuestras acciones mientras apuntamos directamente a la meta de este viaje hacia la luz, que es la vida eterna sin pecado con Cristo en el cielo. No es que lo ganemos corriendo, sino que a través de nuestra resistencia honramos a Dios al terminar la carrera en la tierra.

Entonces el Señor dirá, como dice **Apocalipsis 3:10**: *"Por cuanto has guardado mi palabra de paciencia, yo te guardaré de la hora de la prueba que ha de venir sobre el mundo entero, para probar a los que moran sobre la tierra."*

Hay una promesa para nosotros de entrar en un lugar de descanso eterno. Debemos recordar que es una situación en la que todos ganan cuando nos ponemos del lado de aquel que nos creó. Finalmente, también recordamos que podemos hacer todas las cosas en Cristo, quien nos fortalece. **(Filipenses 4:13)** y lo más importante, **2 Corintios 12:9-10** dice: *"Bástate mi gracia; porque mi poder se perfecciona en la debilidad. Por eso, por amor a Cristo me gozo en las debilidades, en afrentas, en necesidades, en persecuciones y, sobre todo, en dificultades. Porque cuando soy débil, entonces soy fuerte."* Permita que el Señor muestre Su poder a través de sus debilidades.

Puedes lograrlo siendo vulnerable y entregándole el control total a Él, quien perfecciona tu fe. Así como los apóstoles, cuando enfrentaron la prisión por la causa de Cristo, mostraron una gran fe al orar y cantar en los momentos oscuros, ellos soportaron estas pruebas por amor a Cristo y para ser un ejemplo para nosotros.

Por esta razón, *"No nos cansamos de hacer el bien porque a su debido tiempo segaremos, si no desmayamos"* **(Gálatas 6:9)**. Estos versículos enfatizan la importancia de permanecer firmes en la fe, soportando las pruebas y los desafíos para obtener la recompensa final para aquellos que perseveran.

Tu tiempo

¿Cómo cambia tu perspectiva en tu vida espiritual cuando sabes lo que el Buen Pastor es y hace por ti?
_____
_____
_____
_____

Nombra las 3 bendiciones que aprendiste del Buen Pastor en este capítulo.
_____
_____
_____

Autorreflexión y establecimiento de metas ¿Cómo puede mejorar su vida de oración a medida que conoce a su Buen Pastor personal y qué cambios está considerando en su vida de oración y pensamiento?
_____
_____
_____
_____

Capítulo 17

Atribulados en Todo, Mas No Angustiados

Los que caminan en la luz, sin duda, estarán bajo ataque enemigo. Debemos ser conscientes de quiénes somos y con quién estamos. Estamos presionados por cualquier cosa que temamos y por cualquier cosa que nos preocupe o valoremos más que a Dios. Por ejemplo, si tememos a las relaciones, seremos atacados en nuestras relaciones. Siempre que tenemos miedo, perdemos nuestra paz; nuestro centro. Eso es exactamente lo que el enemigo quiere. Esa es su misión. Sin embargo, si sabemos que todo lo que necesitamos es a Él, en quien hemos creído y estamos convencidos de que nos protegerá, sabemos que no seremos aplastados.

Estamos perplejos, pero no desesperados. Estamos sorprendidos y perplejos por las payasadas y tácticas del diablo. Vamos a estar en shock por las experiencias que podamos enfrentar, pero como nuestra fe está anclada en el que puede, somos inamovibles. Él nos guiará a un lugar de descanso y pastos verdes, por lo que no estaremos desesperados. Seremos perseguidos, pero no abandonados.

Hay una seguridad de que Él nos ama y cuida, y damos un salto de fe mientras saltamos al abismo de la fe. En ese salto de fe, nos soltamos y dejamos que Dios haga su obra en nuestras vidas. Cuando decidimos confiar mientras saltamos, nos sentimos aliviados de la carga y la intensidad del dolor o los pensamientos ansiosos.

Sin embargo, sabemos que la agenda del enemigo es multifacética. Es implacable y persistente. Cuando lo resistes, se irá por un tiempo, pero volverá. La persecución no solo se da en este ámbito físico, sino en el espiritual y especialmente en el ámbito de la mente.

Efesios 6:10-11 *"Por lo demás, fortaleceos en el Señor y en el poder de su fuerza. Vestíos de toda la armadura de Dios, para que podáis estar firmes contra las asechanzas del diablo. Porque no tenemos lucha contra sangre y carne, sino contra principados, contra potestades, contra los gobernadores de este siglo de tinieblas, contra huestes espirituales de maldad en las regiones celestiales."*

Por eso, **2 Corintios 4:8** dice que no estamos abandonados. Estamos llamados a confiar y a creer ciegamente. Si sabemos quién es, podemos soportar cualquier nivel de persecución. Pedimos ayuda cuando nuestro espíritu se cansa. Por eso es tan importante que contemos con Dios, sobre todo, pero también con la familia espiritual de Dios.

Serás derribado, pero no destruido. Experimentarás dolores fuertes, luchas físicas y destrucción en tu vida, pero sabes que el Señor todopoderoso, tu Padre, cuida de ti y no permitirá que el enemigo te destruya. Recuerda que si tu vida está alineada con Dios y el propósito correcto, perseverarás hasta el final. A medida que pasamos por ello, no logramos ver la mano de Dios. El dolor físico, espiritual o emocional nos distrae de la lección que debemos aprender. A veces, el Señor nos permite luchar duro y por mucho tiempo porque sabe cuánto podemos soportar. Luego, nos reconstruye para hacernos más fuertes como fuego que se va refinando. **2 Corintios 12:9** dice: *"Te basta con mi gracia, pues mi poder se perfecciona en la debilidad"*.

Recuerda que Dios es quien te dio la vida y puede quitártela. Por eso, sabemos que si estamos convencidos de que somos hijos de Dios y que si elegimos vivir una vida santa y justa, podemos ser presionados, perplejos, perseguidos y derribados, pero también estamos seguros de que no seremos aplastados, desesperados, abandonados o destruidos.

La última parte del versículo nos obliga a no desanimarnos porque nuestro corazón está arraigado en el amor y la verdad de Dios. Puede que nos sintamos emocional, física o espiritualmente derrotados por algún tiempo, pero conocemos al Señor, su poder y su fidelidad. Por lo tanto, nos entregaremos a Él.

Envejeceremos y nos cansaremos, pero interiormente nos renovamos cada día a medida que lo superamos. Algunas personas llaman a esto transmutación porque usamos la energía de estas pruebas para nuestra propia transformación.

Pero solo podemos superar esto si sabemos que pertenecemos a Dios. Honramos a nuestro salvador con las cicatrices de nuestras pruebas, como dice **2 Corintios 4:10**: *"Siempre llevamos en el cuerpo la muerte de Jesús, para que también la vida de Jesús se manifieste en nuestro cuerpo"*.

Nuestra lealtad a Dios será puesta a prueba hasta el límite. Lo vemos cuando la fe de Pedro es puesta a prueba cuando Jesús lo llama a caminar sobre el agua. De repente, el miedo se apoderó de él inevitablemente (**Mateo 14:30-33**). El miedo es una emoción que paraliza y nos aleja de nuestra fe. Pedro tenía al Señor mismo en carne y hueso frente a él, pero comenzó a hundirse. Jesús le dijo en el versículo 31: *"Hombre de poca fe, ¿por qué dudaste?"*. La respuesta es que nuestro conocimiento de Dios se limita a nuestra fe.

Tu tiempo

¿Qué te llamó la atención de este capítulo?
_____
_____
_____

¿En qué punto de tu camino hacia la luz te encuentras? ¿Te sientes aplastado, desesperado, abandonado o destruido?
_____
_____
_____
_____

Autorreflexión y establecimiento de objetivos. Mientras reflexiona, piense en el siguiente paso para alcanzar su objetivo.
_____
_____
_____
_____

Capítulo 18

Sirviendo a Dos Maestros

Muchas veces, experimentamos un conflicto de vida, una batalla constante dentro de nosotros entre la luz y la oscuridad. Todo cristiano enfrenta una lucha interna entre vivir la vida por el Espíritu de Dios y los deseos de la carne. La verdad es que no podemos servir a dos señores. No importa quiénes sean los señores, el punto es escoger al que pueda salvar tu alma. En **Mateo 6:24,** la palabra dice: *"Nadie puede servir a dos señores; o aborrecerá a uno y amará al otro, o se apegará a uno y menospreciará al otro. No podéis servir a Dios y al dinero"*.

Dios no tiene competencia. Nadie ni nada puede competir cuando no se pueden comparar. Sabemos que Jesús es la luz que vino al mundo, y todo lo demás fuera de Él es parte de este mundo caído. Una vez que experimentamos estar en la luz y tomamos conciencia de la realidad de nuestra salvación, reconocemos que hemos sido liberados de la oscuridad y fuimos adoptados como hijos de Dios para vivir tal como dice **Efesios 1:6**: *"Para alabanza de la gloria de su gracia, que nos hizo en el Amado"*.

Para entender plenamente la bendición de vivir en la luz, debemos recordar de dónde venimos. En el pasado, nuestras mentes estaban torcidas por el engaño. El ruido del mundo nublaba nuestras mentes. El profeta **Isaías 5:20** lo describe bien: *"¡Ay de los que a lo malo llaman bueno y a lo bueno malo; que hacen de la luz tinieblas y de las tinieblas luz; que hacen de lo amargo lo dulce y de lo dulce lo amargo!"*

En ese momento, pensamos que esa era la forma en que se definía la vida, pero ahora, vemos con claridad. No caminamos en la oscuridad porque tenemos la luz de la vida en nuestra mente y en nuestro cuerpo a través de la morada del Espíritu Santo dentro de nosotros.

Hemos sido rescatados del dominio de las tinieblas y nos sentimos seguros en el reino del hijo de Dios. **(Colosenses 1:13)** Tropezamos porque caminábamos en la oscuridad. No teníamos la luz. **(Juan 11:10)** Amamos la oscuridad, hicimos el mal y odiamos y temimos la luz porque no queríamos que nuestras acciones fueran expuestas. **(Juan 3:19-21)** Éramos personas de doble ánimo, que se movían y se dejaban llevar como olas en el océano. Decidimos alejarnos de Dios en lugar de ser sanados y salvos. Necesitábamos lavarnos las manos y purificar nuestros corazones. **(Santiago 4:8)**

Además, no podríamos entender hasta que algunos de nosotros nos purificamos, nos volvimos sabios y entendidos **(Daniel 12:10)**. Para algunos de nosotros, fue necesaria una vida dura en pecado y oscuridad, humillación y vergüenza mundial para volver a la realidad y ver la luz. Tal vez para algunos de nosotros, fue necesario dolor y tiempo en prisión mental o real para darnos cuenta del valor de la libertad que Dios proporciona y entender que Jesús es el sacrificio expiatorio por nuestros pecados y los pecados del mundo entero **(1 Juan 2:2)**. Algunos de nosotros, como el apóstol Pablo, perseguimos a los siervos del Señor cuando vivían en la oscuridad. Como está escrito en el libro de los **Hechos 26:13-19**:

"A eso del mediodía, rey Agripa, mientras iba por el camino, vi una luz del cielo, más brillante que el sol, que resplandecía a mi alrededor y a mis compañeros. Todos caímos al suelo, y oí una voz que me decía en arameo: "Saulo, Saulo, ¿por qué me persigues? "Duro te resulta dar coces contra el aguijón."

"Entonces pregunté: "¿Quién eres, Señor?" "Yo soy Jesús, a quien tú persigues", respondió el Señor. "Levántate y ponte de pie. Me he aparecido ante ti para designarte como servidor y testigo de lo que has visto y verás de mí, para abrirles los ojos y convertirlos de las tinieblas a la luz, y del poder de Satanás a Dios, para que reciban el perdón de los pecados y una parte entre los santificados por la fe en mí". "Así que, rey Agripa, no fui desobediente a la visión del cielo."

En este relato, Pablo se encuentra con el propio Jesús. La Luz del mundo pareció cegar los ojos de Pablo porque no podía ver con los ojos espirituales. Pablo y sus compañeros no pudieron hacer nada más que rendirse y caer al suelo. Él le ordenó a Pablo, Saulo entonces, que se pusiera de pie y recibiera su misión como siervo para abrir los ojos de los gentiles, convertirlos de las tinieblas a la luz y sacarlos del dominio de Satanás para salvarlos.

Confieso que me encanta el versículo 19. Pablo le confesó al rey Agripa que no era desobediente. Él debía convertirse en testigo de lo que veía y de lo que iba a ver. Pablo perdió la vista por unos días, pero después de nacer de nuevo, sus ojos físicos sanaron, recuperó la fuerza y comenzó su viaje hacia la luz.

Nos damos cuenta de que en el momento en que entregamos nuestras vidas a Cristo en el bautismo, morimos a ese viejo yo. Ese viejo yo es sepultado por la eternidad y ahora vivimos una vida completamente nueva en Cristo. (**Romanos 6:4**)

Como resultado, nos volvemos conscientes de nuestras decisiones y acciones y nos transformamos de adentro hacia afuera. El **Salmo 112:4** dice: *"Aun en las tinieblas, la luz resplandece para los rectos, para los misericordiosos, compasivos y justos."*

El momento en que empezamos a cambiar nuestro corazón y a rendir nuestra voluntad al Espíritu es cuando nos volvemos rectos, misericordiosos y compasivos. Empezamos a mostrar señales del fruto del Espíritu, como en **Gálatas 5:22**:

"Mas el fruto del Espíritu es amor, gozo, paz, paciencia, benignidad, bondad, fe, mansedumbre y templanza. Contra tales cosas no hay ley. Los que son de Cristo Jesús han crucificado la carne con sus pasiones y deseos. Si vivimos por el Espíritu, andemos también por el Espíritu".

En este viaje, empezamos a aprender quiénes somos realmente en Cristo y cómo debemos comportarnos en el mundo, pero esto no se hace por nuestra propia cuenta; es la obra del Espíritu Santo en nosotros. En Cristo somos pueblo escogido, real sacerdocio, nación santa y posesión especial de Dios (**1 Pedro 2:9**). Estos títulos traen consigo una misión: declarar las alabanzas de Dios, quien nos llamó de las tinieblas a su preciosa y santa luz.

Pertenecer a Dios trae bendiciones. Proverbios 28:18 dice que el íntegro se mantiene a salvo. **2 Samuel 22:29** dice: *"Señor, tú eres una lámpara; el Señor convierte mis tinieblas en luz"*. **Salmos 119:105** dice: *"Lámpara es a mis pies tu palabra, lumbrera a mi camino"*.

El Salmo 91 habla de la protección y el descanso de quienes habitan al abrigo del Todopoderoso. La cantidad de versículos sobre las bendiciones de seguir al Señor son abundantes. Lo vital es que hagamos nuestra parte y vigilemos nuestro corazón (**Proverbios 4:23**) y cumplamos la misión que Él nos ha encomendado.

Jesús pronunció estas palabras en la sinagoga para que se cumpliera la Escritura: *"El Espíritu del Señor Soberano está sobre mí, porque me ha ungido para dar buenas nuevas a los pobres. Me ha enviado a sanar a los quebrantados de corazón, a proclamar libertad a los cautivos y liberación a los prisioneros; a proclamar el año agradable del Señor y el día de venganza de nuestro Dios; a consolar a todos los que lloran."* **(Isaías 61:1-2)**.

El Espíritu también nos unge para cumplir esta misión en la tierra cuando lo recibimos en nuestros corazones. Ese fue el momento en que nos comprometimos con uno de los maestros, el Señor Jesucristo.

Tu tiempo

¿Qué tan difícil fue decidir seguir a Jesús?
_____
_____
_____

¿Recuerdas cómo era tu vida antes de salir a la luz? Expresa tus sentimientos y tu corazón en ese momento.
_____
_____
_____
_____
_____

Autorreflexión y establecimiento de metas. Mientras reflexionas, piensa en lo que puedes hacer para mantenerte firme en tu caminar con Dios.
_____
_____
_____
_____

Capítulo 19

Amar a Otros Como a Ti Mismo

Se produce una metamorfosis mientras redefinimos nuestra identidad. Este proceso nos lanza a trabajar sobre nosotros mismos y a hacer una introspección. Es un período de transformación, soledad y reflexión. En nuestro libre albedrío, elegimos sanarnos a nosotros mismos. Buscamos nuestro propósito y nuestra imagen en Dios y cuestionamos las voces y los mensajes que recibimos de los demás sobre nosotros mismos. A la luz de Dios, podemos ver la belleza de nuestra Creación y comenzamos a admirarnos a nosotros mismos. Comenzamos a descubrir nuestros dones y fortalezas y a reconocer nuestras debilidades. Al darnos cuenta de nuestro estado de ser, iniciamos el proceso de purificación, limpieza y poda. Nos olvidamos del mundo que nos rodea y nos enfocamos en Dios y su palabra. Detenemos el período de autodestrucción y comenzamos a reponernos y reconstruirnos. Comenzamos el proceso de amarnos a nosotros mismos para amar a nuestro prójimo.

Con cada paso que damos en el viaje, continuamos profundizando en la búsqueda de nuestra verdadera identidad con la ayuda de Dios, con Su Espíritu. Este esfuerzo requiere tiempo, esfuerzo, concentración, compromiso, mucho trabajo, determinación, voluntad fuerte y disciplina. Este proceso puede ser muy emocional y doloroso también. Uno de los pasos que podemos dar para tener éxito es crear un inventario interno. Deja de escuchar lo que otros dicen de ti. Escucha la palabra de Dios y tu ser interior. Todo lo que necesitas está entre tú y Dios. Él te creó y sabe lo que es mejor para ti. A la gente le importa la apariencia exterior del mundo, pero Dios piensa de manera diferente. En **1 Samuel 16:7**, las palabras dicen: "Pero el Señor le dijo a Samuel: *"No te fijes en su apariencia ni en su estatura, porque yo lo he rechazado. El Señor no mira las cosas que la gente mira. La gente mira la apariencia exterior, pero el Señor mira el corazón."*

Tómate un tiempo para mirarte internamente y hacer un inventario. ¿Qué ves? ¿Cómo te ves a ti mismo? Ahora puedes ver a Dios y Su naturaleza, cómo piensa y actúa. Ahora, mírate en ese espejo y ve qué resuena contigo. Cuando hagas un ejercicio de emparejamiento, podrás ver qué tan desalineado estás de Dios.

Por otro lado, solemos ver y celebrar nuestros logros terrenales, y no hay nada de malo en ello. Sin embargo, solemos definirnos en esos términos y no en la riqueza espiritual que tenemos en nuestro interior. No nos damos cuenta de que esos logros son manifestaciones de nuestro verdadero yo. Esto significa que tus habilidades y dones son más profundos. Tus logros hablan de tu carácter, que es parte de quién eres.

Esto es parte de tu alma y de lo que estás hecho. Si alguien te pregunta quién eres, puedes decir: soy ingeniero o médico, pero esa no es la verdadera respuesta. Esa es nuestra profesión, no quienes somos. Inicialmente fuimos creados para ser personas con un propósito y una misión, pero en cambio estamos programados por los estándares de este mundo para simplemente buscar una profesión, por ejemplo. Dios dice en **Efesios 2:10**: *"Porque somos hechura de Dios, creados en Cristo Jesús para buenas obras, las cuales Dios preparó de antemano para que anduviésemos en ellas."*

Por lo tanto, cuando defines las buenas obras, te das cuenta de que cualquier obra o servicio que hagas por amor a ti y a los demás proviene del Espíritu Santo que recibimos el día de la salvación. Eso es parte de nuestro propósito en esta tierra: amar y servir de acuerdo con los dones que nos han sido dados.

Es imperativo ver que solo el espíritu de los hombres conoce la profundidad de sus propios pensamientos. **1 Corintios 2:11** dice: *"Porque ¿quién conoce los pensamientos del hombre, sino su propio espíritu que está dentro de él? De la misma manera, nadie conoce las cosas de Dios, sino el Espíritu de Dios"*. Ver dentro de nosotros puede ser aterrador para muchos. Nuestros pensamientos entran y salen a veces inconscientemente. ¿Cuántas veces nos detenemos a ver cómo funciona nuestra mente? ¿Qué tan distorsionada e inexacta puede ser nuestra mente? No podemos descartar que todos esos años viviendo en la oscuridad crearon un patrón de pensamiento malsano, alejado de la luz de Dios, resultando en mentes reprobadas según **Romanos 1:28**.

Solo podíamos ver con ojos terrenales, en la carne, y no con ojos espirituales porque decidimos no retener el conocimiento de Dios. En cambio, vivimos en la oscuridad durante tanto tiempo que olvidamos quiénes éramos realmente. Nos desconectamos totalmente del autor de nuestras vidas, pero buscamos desesperadamente nuestra propia identidad en todos los lugares equivocados.

Pero ahora que caminamos en el camino de la luz, somos guiados a hacer lo que dice **Proverbios 3:5-7**: *"Confía en el Señor con todo tu corazón y no te apoyes en tu propia prudencia; En todos tus caminos sométete a él, y él enderezará tus veredas. No seas sabio a tus propios ojos; teme al Señor y apártate del mal"*. En nuestra búsqueda por encontrarnos a nosotros mismos, llegamos a comprender que podemos encontrar nuestro verdadero yo al someternos a la voluntad de Dios. Nos damos cuenta de que Dios tiene el plano, el plan y el diseño de nuestras vidas. Debemos romper el ciclo de la mente de creer en la ilusión de que la respuesta está en nuestra mente.

Reconoce que tu mente está confundida, torcida y deformada por los patrones de este mundo. **Romanos 12:2** aclara el imperativo de Dios: *"No os conforméis al mundo actual, sino transformaos mediante la renovación de vuestro entendimiento, para que comprobéis cuál es la buena voluntad de Dios, agradable y perfecta"*. Estamos llamados a abandonar los viejos patrones y cambiar nuestra forma de pensar para obtener la seguridad de la voluntad de Dios. Ya no nos conformamos. Nos transformamos y renovamos. Debemos hacer lugar para la sabiduría de Dios, y Dios quiere empezar de cero. Pero, ¿cómo lo hacemos?

En la quietud, encontramos al Espíritu de Dios que nos proporciona claridad y un nuevo discernimiento cuando meditamos día y noche en los preceptos de Dios. (**Josué 1:8-9**) Es imperativo que huyamos del ruido de la vida, las redes sociales, las noticias e incluso nuestra familia a un lugar de soledad para estar con Dios. Ir a la naturaleza es gratificante de muchas maneras. En la naturaleza puedes ver la maravillosa creación de Dios y sentir la quietud y la paz que trae la naturaleza.

Puedes ver cómo todo funciona en armonía y recibir respuestas a los problemas de la vida. ¿Cómo? En la naturaleza, puedes ver la provisión de Dios para todos los animales.

Puedes ver que ningún animal se preocupa ni se angustia, sino que se somete naturalmente al sistema creado por su Dios. Tomar este tiempo para ti y Dios es una señal de amor propio y autocuidado. Te permitirá mirar hacia dentro para aclarar tu identidad, ver más allá de los logros de la vida y buscar verdaderamente tu fortaleza espiritual y tu paz. Esta es una manera de encontrar el equilibrio, renovar tu mente, vivir en el presente y ser uno con nuestro Señor entregándole todo.

Ahora que nos hemos encontrado a nosotros mismos y Dios ha comenzado a trabajar en nuestras vidas, podemos conectarnos con otros y mostrar el amor de Dios a nuestro prójimo. Las personas podrán ver tu luz brillar y tus palabras estarán sazonadas con sal. La transformación ha comenzado. No necesitas ser perfecto para continuar con la vida y amar a los demás. A través del servicio, practicas el amor sometiendo tu carne a Dios y permitiendo que el Espíritu de Dios actúe a través de ti. Cuando ves a los hombres que Jesús eligió para ser sus discípulos, ves que eran gente común y corriente. No eran eruditos selectos de la palabra de Dios. Eran personas como tú y como yo.

En este viaje de transformación, pasaron de la debilidad de la fe a la valentía en la palabra. Mientras más tiempo pasemos meditando y usando la palabra de Dios como lo hicieron los discípulos predicando el Evangelio, mayor será nuestro amor por los demás.

Creemos que la palabra de Dios es poderosa. (**Romanos 1:16**) como dice **Hebreos 4:12**: *"Porque la palabra de Dios es viva y eficaz, y más cortante que toda espada de dos filos; penetra hasta partir el alma y el espíritu, las coyunturas y los tuétanos, y discierne los pensamientos y las intenciones del corazón."* El efecto de la palabra de Dios es desigual. Cambiará tus actitudes y deseos. Renovará tu mente y te ayudará milagrosamente a crecer en el amor por tu prójimo.

Comienza a aceptarte y amarte incondicionalmente, perdonando y sanando a través del poder de Su palabra y presencia. Por lo tanto, comienzas a demostrar amor, que es el primer fruto del Espíritu (**Gálatas 5:22-23**). Así es como te amas genuinamente y emprendes el viaje del amor y la luz hacia los demás.

Tu tiempo

¿Te amas lo suficiente ahora como para servir y amar a otro? Si es así, explícalo, y si no, ¿por qué no?
___
___
___

¿Qué te ayudó a decidir amarte a ti mismo y a los demás? Expresa tus pensamientos.
___
___
___

Autorreflexión y establecimiento de metas. Amarte a ti mismo y sanar te ayuda a amar a los demás. Al reflexionar, ¿cómo puede este conocimiento ayudarte a amar a los demás?
___
___
___
___
___
___
___

Capítulo 20

Venciendo el Desánimo

La táctica de desarme más común del enemigo es infundir desánimo en los cristianos. Tanto los líderes fuertes y con mucha experiencia en Cristo como los novatos caen en desánimo. El desánimo es la kriptonita que nos afecta a todos en nuestro caminar con Cristo si no estamos atentos. Por lo tanto, es esencial definirlo antes de poder reconocerlo. El desánimo puede tener diferentes aspectos. Según dictionary.com, el desánimo es: *"Una pérdida de confianza o entusiasmo; desaliento. 2. Un intento de prevenir algo mostrando desaprobación o creando dificultades; un elemento disuasorio".*

Hay palabras similares, y algunas de ellas pueden resonar con su estado emocional: desaliento, desánimo, abatimiento, depresión, desmoralización, decepción, desaliento, desesperanza, falta de entusiasmo, falta de confianza, pesimismo, desesperación, pesimismo, tristeza, abatimiento, ánimo bajo, pies fríos, disuasivo, desincentivo, restringido, humillado y otros. El opuesto puede ser la fe, la esperanza, el optimismo, el incentivo o el estímulo.

Es fundamental comprender el contexto en el que se produce el desánimo. Puede ser una respuesta a una situación difícil, el resultado de expectativas incumplidas o una reacción a fracasos repetidos. Reconocer estos factores desencadenantes puede ayudarnos a manejar mejor y superar el desánimo. Como cristianos, no nos dejamos guiar por nuestras emociones, sino por el Espíritu Santo de Dios. El Espíritu, la Palabra y Jesús son uno, inmutable e inamovible. Por lo tanto, la retórica negativa que se procesa en nuestra mente no proviene de Dios, sino que es demoníaca y de la carne. Recuerde que la mente es el patio de juegos favorito del diablo. Una vez que le permitimos entrar en nuestra vida de pensamientos, sufriremos desánimo porque el desánimo desafía nuestra fe.

El diablo usa el desánimo para desafiar quiénes somos y hacernos dudar del amor, la presencia y el cuidado de Dios por nosotros. Aquí es donde comenzamos a estar ansiosos y a preocuparnos por las cosas de este mundo. Nuestro enfoque se convierte en el problema o la situación. Tendemos a magnificar los atributos de nuestra lucha y nos distraemos con ella.

Por eso, entrenamos nuestra mente para decir no y sometemos ese pensamiento de desánimo bajo el poder de Cristo. Empezamos a nombrar los atributos de Dios y a decir en voz alta con nuestra boca quiénes somos en Cristo. Debemos recordar que el diablo es un mentiroso desde el principio de los tiempos y que la palabra de Dios es la única verdad en la que creemos. Debemos dejar nuestras emociones a un lado.

Los reconocemos y los abrazamos para entender nuestra situación actual y decirnos a nosotros mismos que esta situación es temporal y que nuestra fe está siendo probada o estamos siendo tentados por el desánimo. Una vez que somos conscientes de nuestra condición a través de la claridad que viene de la oración, podremos diagnosticarla y comenzar el proceso de derribar la fortaleza que el enemigo ha construido en nuestra mente.

Entonces, ¿cómo podemos luchar contra el desánimo? La respuesta se encuentra en las Escrituras y en la profundidad de nuestra fe. Si la fe es nuestro escudo, y nuestra fe tiene una pulgada de ancho y una pulgada de alto, ¿cómo podríamos protegernos de las flechas del enemigo? ¿Hemos notado el tamaño de nuestro escudo? ¿Cómo podemos hacer que nuestra fe sea más grande? Cuando nos encontramos en los brazos del desánimo y comenzamos nuestra conversación mental interna, necesitamos saber de inmediato que es demoníaco y no de Dios.

2 Corintios 10:5 dice: *"Las armas con las que luchamos no son las armas del mundo. Al contrario, tienen poder divino para derribar fortalezas. Destruimos argumentos y toda altivez que se levanta contra el conocimiento de Dios, y llevamos cautivo todo pensamiento para que se someta a Cristo."*

El Señor nuestro Dios nos da la solución a este problema. Primero, sabemos que no luchamos con armas humanas. En otras palabras, estamos peleando una batalla espiritual; por lo tanto, debemos usar las armas espirituales que el Señor nos da.

Contamos con toda la armadura de Dios para mantenernos firmes y usarla en todo momento. También necesitamos saber cómo usar la espada, que es la palabra de Dios, a nuestro favor. También contamos con el Espíritu Santo para guiarnos y conducirnos. Luego, sabemos que las armas que usamos tienen poder divino para derribar fortalezas, argumentos y cualquier pretensión del enemigo.

Pero, ¿cómo hacemos eso? Tomando CAUTIVO todo pensamiento y haciéndolo obediente a Cristo. En palabras prácticas, cuando un pensamiento negativo entra, debemos comenzar a orar internamente y decir NO. Usamos nuestras propias palabras o versículos bíblicos favoritos para decir, por ejemplo: Soy un hijo de Dios. Yo soy la luz del mundo y la sal de la tierra. Soy amado y cuidado por Dios todopoderoso. El Señor mi Dios es mi fuerza. El Señor mi Dios es mi sanador porque cuando soy débil, es cuando soy fuerte. El Señor será glorificado en nuestra debilidad. El diablo es un mentiroso y un engañador desde el principio.

Esta conversación o vocalización interna nos sacará del desánimo porque sabemos que esa no es la voluntad de Dios. Este ejercicio nos entrenará para mantener o aumentar nuestra fe. Recuerda, la fe es como un músculo. Cuanto más la usemos, más fuerte será. Es en las pruebas y luchas que ejercitamos nuestra fe. ¿Recuerdas a David cuando se enfrentó a Goliat? David, siendo joven, pudo haberse desanimado por la multitud (lo que le decían y lo mal que lo consideraban), el trato y la actitud de sus hermanos hacia él, el rey y su idea de usar su armadura, y definitivamente por Goliat, su tamaño, su actitud poderosa y su fuerza física.

También podía verse pequeño, impotente y sin un arma adecuada. Pero no, el enemigo no sabía el tamaño de la fe de David. Dios todopoderoso estaba con él, sus cinco piedritas y una honda. David declaró con su voz en qué nombre venía contra el enemigo y puso al enemigo en su lugar. Su valor provenía de creer en Dios y en lo que Él podía hacer en su vida. Entonces, cuando ganamos la batalla y salimos victoriosos, proclamamos sus alabanzas y mostramos nuestra gratitud por Él. Estas dos cosas también pueden sacarnos del desánimo porque cuando alabamos a Dios, recordamos las obras de Dios y su amor por nosotros, y la gratitud tiene como subproducto el amor, que energiza este proceso de ánimo y fe.

Además, sabemos que la victoria no viene de nosotros; la da Dios, como dice **Zacarías 4:1**: *"Y pregunté al ángel que hablaba conmigo: "¿Qué es esto, señor mío?". Él respondió: "¿No sabes qué es esto?". "No, señor mío", le respondí. Entonces me dijo: "Esta es palabra de Jehová a Zorobabel: "No con ejército ni con fuerza, sino con mi Espíritu, ha dicho Jehová de los ejércitos"*. El Señor no quiere que ganemos la batalla de la mente con nuestras propias fuerzas terrenales sino con la fuerza que viene de la palabra y la ayuda del Espíritu Santo en nosotros.

La Biblia ofrece numerosos versículos que ofrecen aliento y orientación a quienes enfrentan el desánimo, enfatizando la importancia de confiar en el plan de Dios y permanecer firmes en la fe. Por ejemplo, **Jeremías 29:11** nos asegura que Dios tiene planes para nuestro bienestar y un futuro lleno de esperanza. **Proverbios 3:5-6** nos anima a confiar en el Señor de todo corazón, asegurándonos de que Él guiará nuestros caminos. Versículos como **Josué 1:9** e **Isaías 41:10** nos recuerdan que debemos ser fuertes y valientes, sabiendo que Dios siempre está con nosotros, ofreciéndonos fortaleza y apoyo. En el Nuevo Testamento, las palabras de Jesús en **Juan 16:33** nos aseguran que, a pesar de las tribulaciones, Él ha vencido al mundo, brindándonos paz. **2 Corintios 12:9** destaca que la gracia de Dios es suficiente y su poder se perfecciona en nuestra debilidad, animándonos a confiar en Él. Además, **1 Pedro 5:7** nos invita a depositar todas nuestras ansiedades en Dios porque Él cuida de nosotros, mientras que **Filipenses 4:6-7** y **Romanos 8:28** prometen paz y propósito a través de la oración y la confianza en el plan soberano de Dios.

Estos pasajes bíblicos nos recuerdan constantemente que Dios está siempre presente, guiándonos y sosteniéndonos en todas las circunstancias. Aceptar estas verdades puede fortalecer profundamente nuestra fe, ayudándonos a perseverar con esperanza y valor, sabiendo que nuestra confianza en Dios nunca es en vano. En momentos de desánimo, podemos encontrar consuelo en el hecho de que Dios siempre está con nosotros, ofreciéndonos su apoyo inquebrantable.

Tu tiempo

¿Puedes compartirnos acerca de alguna ocasión en la que te sentiste realmente desanimado en tu vida espiritual?

_____
_____
_____
_____

Describe tres cosas que puedes hacer para evitar o superar el desánimo.

_____
_____
_____
_____

Autorreflexión y establecimiento de metas ¿Qué meta establecerás para evitar desanimarte?

_____
_____
_____
_____

Capítulo 21

Encontrando el Balance

Descubrir nuestra identidad definitivamente nos ayuda a encontrar nuestro equilibrio en este nuevo camino. Este equilibrio involucra nuestro cuerpo, mente y Espíritu. Nuestra transformación es clara y visible. Nuestra mente se renueva diariamente, nuestra alma se fortalece y nuestro cuerpo está más saludable porque los sentimientos de tristeza y ansiedad se disipan. Comenzamos a experimentar la libertad en Cristo y nos encontramos sin preocuparnos por las cosas de este mundo. Las circunstancias que nos rodean no nos conmueven y nos volvemos ajenos a lo que sucede en las noticias o en el mundo. Sabemos que Dios está en control y, como resultado, nuestro gozo y paz interior aumentan debido a la restauración de nuestra alma.

Definir y equilibrar nuestra mente, cuerpo y Espíritu comienza con nuestro nacimiento espiritual. En **1 Pedro 3:21-22**, Pedro escribe: *"Y esta agua simboliza el bautismo que ahora también los salva a ustedes; no quitando las impurezas del cuerpo, sino como la promesa de una buena conciencia hacia Dios. "Nos salva por la resurrección de Jesucristo, que subió al cielo y está a la diestra de Dios, y a él se someten ángeles, autoridades y potestades."*

Es increíble lo que sucede cuando nos bautizamos. No solo somos salvos de nuestros pecados, sino que prometemos una conciencia limpia hacia Dios. Esto significa que nuestra mente está clara, nuestro Espíritu está listo y nuestro cuerpo, el vaso del Espíritu, tiene la mejor disposición para servir a un nuevo propósito divino.

Aprendemos que nuestro cuerpo es el vaso del Espíritu Santo. Es el templo de Dios; por lo tanto, lo que hacemos con él importa. Lo que comemos, cuánto dormimos y cómo usamos nuestro cuerpo muestran al mundo cuánta influencia tiene el Espíritu de Dios en nuestras vidas. Vemos que desde el principio de la creación, el Señor creó un día de descanso.

Esto no es una coincidencia. Él nos creó y sabe que el descanso es esencial para nuestra supervivencia porque afecta no solo al cuerpo sino también a nuestra salud mental y paz interior. Hay múltiples ejemplos en la Biblia de personas que sufrieron agotamiento mientras servían a Dios. Este fue el caso del profeta Elías. En **1 Reyes 18**, el escritor narra los acontecimientos del Monte Carmelo, donde el Señor mostró su poder a través del profeta Elías enviando fuego a un sacrificio húmedo delante de 450 falsos profetas, el Rey y la ciudad. Este asombroso acontecimiento requirió mucho trabajo, tiempo y esfuerzo.

El Señor Todopoderoso mostró Su favor a Elías y Su poder para vencer a los dioses falsos de Baal. Puedes imaginar las horas de oración y preparación física para este evento. Sin embargo, mira el versículo 42: *"Entonces Acab se fue a comer y beber, pero Elías subió a la cumbre del Carmelo, se inclinó a tierra y puso su rostro entre las rodillas."* Mira que después del asombroso milagro y la obra de fe, Elías subió al monte y se desplomó. Estaba físicamente exhausto. En **1 Reyes 19**, el escritor muestra cómo Dios le dio comida a Elías dos veces, y los ángeles lo consolaron. Elías se tomó un tiempo para descansar, pero antes de que estuviera listo, Dios dijo en los versículos **14-15**:

"Entonces una voz le dijo: "¿Qué haces aquí, Elías?"
"Él respondió: "He sentido un gran celo por el Señor Dios Todopoderoso. Los israelitas han rechazado tu pacto, han derribado tus altares y han matado a espada a tus profetas. Yo soy el único que queda, y ahora están tratando de matarme también. El Señor le dijo: "Vuelve por el camino que viniste y ve al desierto de Damasco."

Elías descansó, fue alimentado por Dios y confió en que Dios continuaría con su propósito. Aunque todavía estaba cansado y afligido por la persecución de sus enemigos, confió en Dios. Es increíble escuchar de Dios: *"Vuelve por el camino que viniste y ve al desierto."* Puedo imaginar la cantidad de fe de Elías al obedecer a Dios. Recuerda, en el momento en que decides caminar hacia la luz, te conviertes en un siervo y un soldado. Sabes que no estás solo y equipado con todo lo que necesitas para prosperar, no solo sobrevivir.

Tu fe será puesta a prueba en el camino, pero saldrás victorioso si perseveras. De hecho, no mucho tiempo después de eso, el profeta fue llevado al cielo en un torbellino. Mantener nuestro equilibrio mental, espiritual y corporal depende de cuánto confiemos en Dios, el Padre.

En la misma historia, vemos a Elías mentalmente cansado y agotado. Sabemos que fue un día extraordinario. Él invirtió el 100% de sí mismo y Dios se hizo presente. Él reveló su poder a los ojos de muchos testigos. Elías usó su mente para llevar a cabo muchas tareas. Usó su mente, guiado por el Espíritu de Dios, para hablar ante los testigos. Sin embargo, Elías confió en Dios, no en su mente. No fue el poder de la mente lo que lo hizo exitoso. Fue el poder de Dios a través de él.

Proverbios 3:4-7 dice:
"Confía en el Señor con todo tu corazón y no te apoyes en tu propia prudencia; sométete a él en todos tus caminos, y él enderezará tus veredas. No seas sabio en tu propia opinión; teme al Señor y apártate del mal."

Estamos llamados a confiar en el Señor, a someternos a él y a no ser sabios en nuestra propia mente. Este es el problema con todos los hombres. Tomamos nuestras propias decisiones y luego culpamos a Dios por las consecuencias. Para tener un equilibrio mental, debemos dejar atrás el pasado y no preocuparnos por el futuro incierto. Si hacemos esto, no actuaremos desde un lugar de trauma ni de ansiedad. Viviremos en el presente, disfrutando de las bendiciones diarias de Dios.

Finalmente, experimentamos el alma como nuestro ser verdadero, nuestro yo espiritual superior, que está conectado con Dios a través del Espíritu Santo. Esta realidad es diferente de lo que experimentamos en el pasado cuando vivíamos para la carne. Comenzamos dejando todo atrás y esforzándonos por alcanzar la meta. (**Filipenses 3:14-15**) Si usamos la ilustración de una semilla, sabemos que para que la planta nazca, la semilla germina y la plántula muere para dar paso al brote. A partir de ese momento, la planta obtiene nutrientes, sol y agua y comienza a crecer. **Romanos 8:13-14** El apóstol Pablo escribe: *"Porque si vivís conforme a la carne, moriréis; pero si por el Espíritu hacéis morir las obras de la carne, viviréis. Porque todos los que son guiados por el Espíritu de Dios son hijos de Dios".*

Ahora, sabemos que a medida que la planta crece genéticamente a un lugar más alto guiada por el sol, somos guiados por el Espíritu para florecer y dar mucho fruto con el tiempo. Una planta bien nutrida crece hermosamente y no tiene elementos tóxicos en ella. Crece equilibrada y fructífera. Debemos vivir de la misma manera, lejos de los deseos de la carne (**Romanos 8:5**) y vivos en el Espíritu. ¡Esa es una vida equilibrada!

Tu tiempo

¿Qué tan difícil dirías que es alcanzar y mantener el equilibrio mientras recorres este camino?

\
\
\

¿Qué te ha ayudado a encontrar el equilibrio en tu camino cristiano? Expresa tus pensamientos.

\
\
\
\

Autorreflexión y establecimiento de objetivos. ¿Qué intenciones tienes para alcanzar el equilibrio o mejorar tu equilibrio?

\
\
\
\

Capítulo 22

Aprendiendo a Orar con Jesús

Hay muchos buenos ejemplos en la Biblia que nos enseñan cómo orar. La oración es la forma de comunicación entre nosotros y el Padre, Dios, pero este tipo de comunicación implica más que intercambiar palabras debido a la presencia del Espíritu Santo. Jesús ciertamente nos da un ejemplo a nosotros y a los discípulos. Jesús apartó un tiempo para hablar con el Padre Celestial todos los días y temprano en la mañana. **Lucas 11:1** dice:

"Un día, Jesús estaba orando en cierto lugar. Cuando terminó, uno de sus discípulos le dijo: "Señor, enséñanos a orar, así como Juan enseñó a sus discípulos". Bueno, el Señor, Jesús, proporcionó a los discípulos un marco para la oración.

Jesús estableció el tono y una estructura que cubría las partes básicas de la oración. **Lucas 11:2** muestra cómo Jesús enfatizó alabar el nombre de Dios. Al hacer eso, nos ponemos en nuestro lugar al reconocer el poder omnipotente del Señor y la santidad de Su nombre. Esto es para ayudarnos a recordar quién es Él, pero también para que recordemos por qué lo alabamos. Jesús le pidió al Padre que viniera el reino. Esto fue antes de su muerte. Jesús quería que su iglesia se estableciera en la Tierra. El Reino es la esposa de Cristo, la comunión de los santos y su morada en la tierra; en otras palabras, Su iglesia.

En **Mateo 6:9-13**, Jesús oró:
"Ustedes, pues, deben orar así: Padre nuestro que estás en los cielos, santificado sea tu nombre. Venga tu reino. Hágase tu voluntad, así en la tierra como en el cielo. El pan nuestro de cada día, dánoslo hoy. Y perdónanos nuestras deudas, como también nosotros perdonamos a nuestros deudores. Y no nos metas en tentación, mas líbranos del mal."

El tiempo de oración puede ser privado o público, pero esta vez Jesús mostró a los discípulos la intimidad de la oración con el Padre. La versión del Padrenuestro enfatiza la frase: *"Hágase tu voluntad en la tierra como en el cielo."*

En el versículo 11, Jesús le pidió al Padre que proveyera el pan de cada día y que nos perdonara nuestros pecados como nosotros perdonamos a los demás. Jesús le pidió al Señor que nos guarde de caer en la tentación y nos libre del mal. Jesús dedicó tiempo al tema del perdón. Observa que no hay una condición para perdonar. No dice: *"Si cambian y hay arrepentimiento en ellos, perdona a los que pecan contra mí."* La condición está en el versículo 15. Si no perdonamos a los que pecan contra nosotros, nuestro Padre celestial no nos perdonará.

El Señor no quiere que carguemos en nuestro corazón el dolor causado por los demás. Así que si perdonamos de corazón, seremos liberados de una carga que no nos pertenece. Cada vez que el Señor Jesús oraba, lo primero que hacía era reconocer la gloria de nuestro maravilloso Dios. **Juan 17:1-5** dice:

"Después de decir esto, Jesús miró al cielo y oró: Padre, la hora ha llegado. Glorifica a tu Hijo, para que tu Hijo te glorifique a ti. Porque le diste autoridad sobre toda la humanidad para que dé vida eterna a todos los que le diste. Y esta es la vida eterna: que te conozcan a ti, el único Dios verdadero, y a Jesucristo, a quien has enviado. Yo te he glorificado en la tierra, terminando la obra que me diste para que hiciera. Ahora, pues, Padre, glorifícame tú al lado tuyo con la gloria que tuve contigo antes de que el mundo existiera."

Jesús centró esta oración en su misión y propósito en la Tierra. Quería glorificar a su Padre y que el Padre lo glorificara a él. Reconoció la autoridad sobre quienes creen en él y definió la esencia de la vida eterna. También se refirió al cumplimiento de su misión en la tierra. Ahora era el momento de su recompensa, que era ser glorificado en la presencia del Padre. ¿Hay algo mejor que eso? Jesús no pidió nada material, él deseaba estar en la presencia plena con el Padre, y es exactamente lo que sucede en la oración. Estamos en la presencia de nuestro Dios.

Jesús dio gracias en muchas ocasiones también. **Mateo 11:25-26** dice: *"En aquel tiempo, Jesús dijo: "Te alabo, Padre, Señor del cielo y de la tierra, porque escondiste estas cosas de los sabios y entendidos, y las revelaste a los niños. Sí, Padre, porque esto es lo que te agradó hacer"*. Jesús reconoció y agradeció a su Padre como el Creador, y por revelar quién es Él, no a los sabios y entendidos, sino a los que son como niños. Aquellos de corazón puro y humilde. Esto implica que alardear de nuestra sabiduría y conocimiento podría bloquear nuestra revelación espiritual y comprensión de quién es Jesús. El Señor revela esta verdad a los tiernos de corazón, a los que son hijos de Dios. Cuando tenemos un corazón puro y humilde, podemos leer y entender la voluntad agradable de Dios en nuestras vidas porque no está contaminada por nuestra voluntad y deseos egoístas.

En **Juan 11:41-42**, Jesús le agradece al Padre por escucharlo siempre. Hizo esa oración pública para beneficiar a los que lo escuchaban. También le expresó a su Padre cuando su corazón estaba angustiado, **Juan 12:27-28** dice: *"Ahora mi alma está angustiada, ¿y qué diré? ¿Padre, sálvame de esta hora? No, fue para esto mismo que llegué a esta hora. 28 Padre, glorifica tu nombre". Entonces vino una voz del cielo: "Lo he glorificado, y lo glorificaré de nuevo."*

Jesús abrió su corazón y confesó su alma angustiada, pero nunca olvidó su misión en la tierra. Obedeció y glorificó a Dios hasta el final. Jesús compartió con el Padre tiempos altos y bajos. Aunque no pecó, fue tentado en todo y su corazón se sintió angustiado. Sin embargo, confió plenamente en Dios, el Padre. Sabía que tenía una misión que cumplir como nosotros. Él sabía que sufriría vergüenza, dolor, burla, rechazo, castigo y aislamiento. Estaba injustamente en camino a la muerte.

Una vez más, antes de la crucifixión, el Señor oró con frecuencia en el Monte de los Olivos. En **Lucas 22:39-46**, los discípulos de Jesús notaron que tenía el hábito de orar. Les mostró a sus seguidores que tomaran tiempo a solas con Dios y les advirtió que oraran para no caer en la tentación. Jesús sabía que una de las formas de ganar fuerza es comunicar, derramar y entregar todo al Padre. Cuando oramos, abrimos nuestro corazón y dejamos que todo salga. Como lo hizo Jesús, no retenemos nada. Nos tomamos tiempo para alabar a Dios, dar gracias y reconocer todo lo que ha hecho por ti. En el versículo 42, Jesús suplicó al Padre que lo librara de la copa del sufrimiento. Sin embargo, continuó orando con fervor y angustia. Su sudor era como gotas de sangre que caían al suelo. El nivel de angustia era profundo.

Sin embargo, Jesús se sometió al Padre y mostró una vulnerabilidad total ante Dios, quien inmediatamente envió un ángel del cielo para consolarlo. En ese momento, sus discípulos ni siquiera pudieron permanecer despiertos mientras él oraba. Pudo haberse sentido abandonado por quienes lo amaban, pero los animó a orar, dos veces. Es cuando nos adentramos en la Palabra de Dios y pasamos tiempo en oración, que todos los cambios comienzan a suceder en tu vida espiritual. Este es un hábito personal e íntimo que desarrollamos para escuchar a Dios. Es un intercambio de amor, energía y poder entre tú y Dios a través del Espíritu Santo.

Al orar, debemos creer que Él, el Señor, nos escucha. Hebreos 11:6 dice: *"Pero sin fe es imposible agradar a Dios, porque es necesario que el que se acerca a Dios crea que existe y que recompensa a los que lo buscan"*. La oración es la herramienta que usamos como cristianos para vencer el engaño, el miedo y cualquier artimaña del diablo.

Oramos bajo la autoridad del nombre de Jesús, el poderoso, el que venció la muerte, el que tiene poder sobre la naturaleza y los desastres, el que sanó a los enfermos y echó fuera demonios. El nombre del Señor es Santo. El nombre de Dios ni siquiera se permitía mencionarlo en los antiguos días de Israel porque era y es Santo.

Por eso, no lo usamos a la ligera ni en vano. **Deuteronomio 5:11** dice: *"No tomarás en vano el nombre del Señor tu Dios, porque el Señor no dará por inocente al que tome en vano su nombre"*. Su nombre es poderoso y santo. Úsalo con un propósito y para Su gloria. Debemos declarar sus alabanzas (**Mateo 6:9**) y reconocerlo como omnisciente, omnipresente y omnipotente por naturaleza. Para que nuestras oraciones sean efectivas, mantengamos nuestro cuerpo, mente y alma bajo control en la palabra de Dios diariamente.

Tu tiempo

¿Qué es lo más desafiante para ti cuando buscas la oración?
_____
_____
_____
_____
_____

Nombra 3 cosas que aprendiste en esta lección sobre la oración.
_____
_____
_____
_____

Autorreflexión y establecimiento de metas. ¿Qué necesitas para tener una vida de oración?
_____
_____
_____

Capítulo 23

Mejorando Nuestra Vida de Oración

Antes de dedicarnos a la oración, es posible que deseemos considerar tres cosas: ¿Quién es Dios? ¿Quién soy yo? y ¿Cuál es la voluntad de Dios? El Señor tiene una razón para nuestra existencia, una misión, una lección y una bendición. Él quiere que descubras tu propósito en la vida, y aquí es donde la oración puede ayudarte a traer claridad y atención plena. Imagina tener un Rey como amigo. ¿Hablarías con él sin antes reconocer su rango, poder y honor? Es por eso que orar no es solo una simple conversación con Dios. Podría serlo, pero si quieres experimentar una oración verdaderamente poderosa y edificante, puedes considerar algunos elementos esenciales más.

Número uno, selecciona un lugar y un momento para reunirte con el Rey todopoderoso. No necesita ser elegante, sino especial para ti y para Él. Vemos este patrón en hombres devotos de Dios, incluido Jesús, a lo largo de la Biblia. Sabemos que nuestros corazones son el templo de Dios, pero este templo se mueve y necesitamos un lugar en el que concentrarnos.

Tener un santuario personal y un tiempo apartado para estar con Dios es esencial. Quieres que este lugar sea privado y sin distracciones, lejos de aparatos electrónicos o cualquier estímulo que distraiga tu atención de tu comunicación perfecta con el Señor. Necesitarás ese lugar de reunión para crear una atmósfera y concentrarte en la guerra espiritual.

En segundo lugar, todos necesitamos saber y recordar quién es Dios. Usamos las Escrituras para recordarnos quién es Él y lo que ha hecho por nosotros. Hay una razón por la que alabamos Su nombre. (**Mateo 6:9**) Conocer los atributos de Dios significa que sabemos que es omnisciente, omnipresente y omnipotente. Él.

Él no es humano. Él está por encima de nosotros y es Rey de reyes. Hay muchos nombres hermosos que se le dan a Dios para describir quién es Él y lo que ha hecho. El Señor le dijo a Moisés en **Éxodo 20:24**: *"Dondequiera que haga que mi nombre sea honrado, vendré a ti y te bendeciré."* Ser bendecido por Dios es un subproducto de nuestra fe en Él a través de la oración en el Espíritu. La fuente de nuestra oración es el amor, la confianza y la gratitud.

Así, aprender los nombres de Dios nos ayuda a saber quién es Estos son algunos de los nombres de Dios: Abba, Padre, Eloah, por ejemplo, que significa poder en fuerza **(Nehemías 9:17)**; Elohim, creador **(Génesis 17:17)**; El Shaddai, Dios Todopoderoso; Adonai, Señor Maestro, **(Génesis 5:2)**; Yahweh Jireh, El SEÑOR Proveerá **(Génesis 22:14)**; Jehová Rafa, el Señor sana; El Olam, el Dios eterno; entre otros nombres poderosos que tiene.

Él merece ser alabado y sus obras reconocidas. Cuando mantenemos en nuestra mente quién es Dios, nos damos cuenta de que contamos con un Dios infalible. Así sabemos que estamos ante Su trono y sabemos cómo acercarnos a Él. Venimos ante Él en humilde adoración y lo respetamos como nuestro creador, proveedor, protector, sanador, estandarte y padre amoroso.

Número tres: El estado de nuestro corazón es esencial para que Él nos escuche. Él no puede tener comunión donde hay pecado. El templo, que es nuestro cuerpo, es donde experimentamos personalmente el poder, la fuerza y el amor de Dios. El Señor dijo en **Levítico 20:7**: *"Sed santos, porque yo soy santo."* Por lo tanto, Dios tendrá dificultades para escucharnos a menos que vayamos a Él y nos arrepintamos de nuestros pecados.

Romanos 12:1 dice: *"Así que, hermanos, tomando en cuenta las misericordias de Dios, os ruego que presentéis vuestros cuerpos en sacrificio vivo, santo, agradable a Dios, que es vuestro verdadero culto"*. Tomamos la decisión consciente diaria de honrarlo en lo que pensamos, decimos y hacemos. Ese es nuestro sacrificio vivo, santo y agradable.

Nuestro cuerpo, mente y espíritu pertenecen a Dios, y los tres necesitan trabajar eficientemente para hacer Su voluntad. Por lo tanto, cuidamos y vigilamos nuestra mente, cuerpo y espíritu para alinearlos con Dios. Entonces, nos sentiremos física, mental y espiritualmente aptos para cumplir nuestra misión en la tierra. Parte del estado del corazón es la rectitud y la santidad. Constantemente hacemos controles y contrapesos para mantener este equilibrio y rendir cuentas a Dios mediante la oración diaria.

Para mantenernos en forma, vivimos en el ahora y nos enfocamos en las promesas y decretos de Dios. Velamos por nuestro cuerpo. Comemos saludablemente, hacemos ejercicio, dormimos bien y, por último, pero no menos importante, alimentamos el espíritu con la Palabra viva de Dios. Es por eso que el estudio bíblico y la oración van de la mano. Debemos escuchar Su palabra para confirmar, corregir o convencer nuestro corazón de pecado. Continuamos depurándonos y creciendo, deshaciéndonos de todos los hábitos de la mente y el cuerpo en el Espíritu.

Para prosperar en nuestras oraciones, debemos despejar nuestra mente con santidad para poder declarar con nuestra boca las alabanzas de Su nombre y orar conforme a Su voluntad. Así es como nuestras oraciones se vuelven poderosas. Sin mencionar las bendiciones que vienen de someter nuestros cuerpos al ayuno.

Cuanto más seamos capaces de controlar nuestro cuerpo, mente y los antojos de la carne, más cerca y más espirituales seremos. Porque la voluntad del Señor es traer a otros a Cristo y a la luz. Ahora, tu vasija está sana, tu mente está equilibrada y tu espíritu está alineado con Dios. Estás listo para crear una oración más poderosa. Es crucial entender que el poder está en Dios y el Espíritu Santo, no en la intensidad o la entrega de la oración. La clave es tener tu corazón en armonía con Dios.

El Señor sabe que somos una obra en progreso, pero ve tus esfuerzos y deseos de agradarle. Ve cuánto te esfuerzas por hacer el trabajo y honrarlo. Ahora comienzas a entender mejor quién eres y tu propósito según su palabra. **1 Pedro 2:9** dice: *"Mas vosotros sois linaje escogido, real sacerdocio, nación santa, pueblo adquirido por Dios, para que anunciéis las virtudes de aquel que os llamó de las tinieblas a su luz admirable."*

Esto es de nosotros, pero es lo que somos, así que debemos declararlo. Le damos gracias por haber sido elegidos, por convertirse en real sacerdocio, nación santa, pueblo adquirido por Dios. ¿Todo esto con qué propósito? El versículo 9 declara las virtudes de aquel que nos llamó de las tinieblas a su luz admirable. Somos Su pueblo, y esta declaración prepara nuestros corazones con santidad y gratitud antes de orar.

Daniel es muy respetado entre muchos de los personajes bíblicos. Te invito a leer **Daniel 9:2-19**. Este pasaje muestra un ejemplo perfecto de una oración eficaz. No porque Dios respondió la oración de Daniel, sino porque Daniel tenía el corazón y la actitud correcta hacia el Señor. Daniel entendía las Escrituras conforme a la Palabra de Dios.

Entendía lo que el Señor estaba haciendo y lo que el pueblo de Dios estaba haciendo. Sabemos que Israel cayó cautivo en manos del rey persa Jerjes. Daniel sabía que Dios había declarado una larga temporada de desolación. Durante 70 años, el pueblo sufrió desolación. Daniel estaba complacido con el Señor mientras ayunaba y se lamentaba en cilicio y ceniza. Estaba sufriendo con su pueblo, aunque era inocente.

En el versículo **4**, confesó cuán grande y fiel era el Señor y reconoció los actos pecaminosos de Israel. Se incluyó en el grupo para ser libre y ser perdonado. Daniel reconoció la infidelidad y la desobediencia de Israel y la misericordia y el perdón de Dios en el pasado. También se dio cuenta de que, como colectivo, Israel no se apartó de sus pecados ni prestó atención a la verdad de Dios. Le rogó al Señor que lo escuchara.

Como podemos ver, no todas las oraciones tienen el mismo propósito, pero la intención es persuadir a Dios para que actúe a nuestro favor. Si estamos alineados con Su voluntad y oramos con verdadera fe, el Señor actuará. La pregunta es, ¿venimos con la actitud correcta a Dios en oración? ¿Reconocemos quién es Él y lo que ha hecho por nosotros en nuestras vidas? ¿Reconocemos la verdad sobre nuestras acciones? ¿Estamos dispuestos a hacer lo que sea necesario para agradar a Dios para que pueda escuchar y responder las oraciones? Las respuestas a nuestras oraciones se cumplen en el tiempo de Dios y a la manera de Dios si somos hallados a favor del Señor. Debemos trabajar para Él y confiar en Él mientras esperamos. El Señor guiará nuestros pasos en santidad y justicia.

Finalmente, ahora que sabemos quién es Dios y quiénes somos nosotros, fijamos el tiempo y el lugar para orar con conciencia, considerando que recibimos el Espíritu de poder, amor y dominio propio. (**2 Timoteo 1:7**) Oramos en el nombre de Jesús para derribar fortalezas y todos los ataques del enemigo contra nosotros. Aprendemos a declarar la bondad y Su majestad. Alguien dijo: *"No le digas a nuestro Dios cuán grandes son tus problemas, sino dile a tus problemas cuán grande es nuestro Dios."* Jesús dio el ejemplo de orar y ayunar durante 40 días y 40 noches antes de enfrentar al enemigo. Fue fortalecido por el Espíritu Santo y usó la palabra de Dios guardada en su corazón para defenderse. La palabra del Padre le recordó quién era Dios y quién era Él. Hoy, sé que tú puedes hacer lo mismo.

Utiliza el compañero de oración al final de este libro para renovarte y empoderarte en la forma en que formulas tus oraciones. Úsalo todos los dias hasta que los nombres de Dios y los versos sobre tu identidad en Cristo queden plasmados en tu memoria para siempre.

Tu tiempo

¿Qué acciones o hábitos específicos te ayudan a orar mejor?
_____
_____
_____
_____

Nombra las 3 cosas que aprendes en esta lección acerca de Dios, tú y tu estado espiritual.
_____
_____
_____
_____
_____

Autorreflexión y establecimiento de metas (¿Cuál es el próximo objetivo para ser más efectivo en la oración?)
_____
_____
_____
_____
_____
_____
_____

Capítulo 24

Conociendo a Jesús: El Pan de Vida

Soy hija de médico y cuando era niña, siempre escuchaba a mis padres decir que somos lo que comemos. De niña, no entendía lo que eso significaba. Ahora que soy adulta, creo que estamos hechos de lo que comemos. Nuestro cuerpo manifiesta lo que ponemos en él. Eso es lo que sucede con nuestro espíritu. Todo lo que entra por nuestros sentidos se manifiesta en nuestra vida.

Conocer a Jesús como el pan de vida es parte de las siete declaraciones de Jesús que dicen "Yo soy". Jesús solía decir verdades que eran difíciles de digerir porque eran de naturaleza espiritual. Cuando conocemos a Jesús de manera personal, nos volvemos uno con él porque no es solo alguien en quien creemos, sino alguien que se vuelve parte de todas las áreas de nuestra vida. Este conocimiento hace que nuestra relación con él sea única y especial.

Las siete declaraciones de Jesús que dicen "Yo soy" nos cambian y nos transforman de adentro hacia afuera. Cuanto más conocemos al Señor nuestro Dios, mayor es nuestra fe, mayor es la claridad de nuestra mente y más discernimiento recibiremos para crear oraciones poderosas.

Sabemos cómo dirigirnos al Señor nuestro Dios, Jesús, porque la gratitud brota de nuestro corazón. Es poderoso saber, tener la seguridad de que Él es capaz de proveer y alimentar nuestro espíritu.

En el Evangelio de Juan, exploraremos el primer "Yo soy" de Jesús. Yo soy el pan de vida que se encuentra en **Juan 6:36-40**:

"Jesús les respondió: "De cierto, de cierto os digo que me buscáis, no porque habéis visto las señales que he hecho, sino porque comisteis el pan y os saciasteis. Trabajad, no por el alimento que se corrompe, sino por el alimento que permanece para vida eterna, el cual os dará el Hijo del Hombre. Porque a éste ha sido aprobado por Dios el Padre."

En ese tiempo, la gente seguía a Jesús por lo que podía proveer para sus estómagos, ya que la mayoría de las personas en el mundo naturalmente buscan satisfacer principalmente sus necesidades inmediatas. Las personas tienen hambre, pero buscan principalmente el alimento temporal. Sin embargo, Jesús vino a iluminar sus ojos para que se dieran cuenta de que el alimento que trae vida eterna era Él mismo.

En el versículo 27, Jesús animó a la gente a trabajar por el alimento que trae vida eterna. Les recordó enfáticamente que no trabajen por el alimento que se echa a perder, sino por el alimento que permanece, que el Hijo del Hombre nos dará. Porque en él, Dios el Padre ha puesto su sello de aprobación.

Curiosamente, en el versículo 28, dice: "Entonces le preguntaron: "¿Qué debemos hacer para poner en práctica las obras de Dios?" Creo que la gente no entendió la lección espiritual que el Señor estaba tratando de ayudarlos a ver porque la obra de Dios es alimentar el espíritu. Luego, en el versículo 29, Jesús les da una respuesta explícita: "Respondió Jesús: "La obra de Dios es esta: creer en el que él ha enviado". Por eso, la obra de Dios en nuestras vidas, el pan que buscamos, y la obra que buscamos es conocer la Palabra de Dios hecha carne, Jesús.

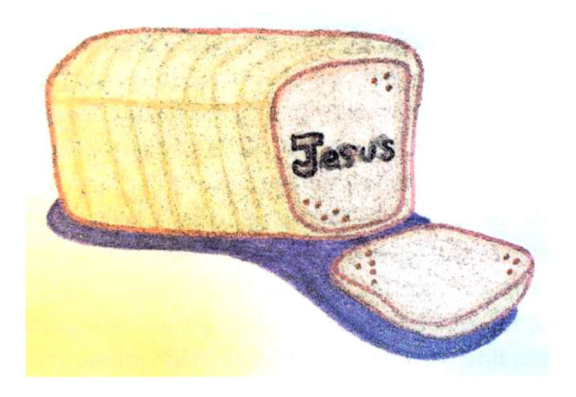

Tu tiempo

¿Cómo cambia tu vida de oración al considerar a Jesús el pan de vida?
_____
_____
_____
_____

Nombra 3 cosas que aprendiste en esta lección sobre Dios y tu vida de oración.
_____
_____
_____
_____

Autorreflexión y establecimiento de metas (Explica cómo cambiarían tus oraciones después de saber que Jesús es el pan de vida).
_____
_____
_____
_____

Capítulo 25

Conociendo a Jesús: La Luz del Mundo

Saber que hay un lugar para encontrar la luz en medio de la oscuridad y el pecado, es esperanzador. Jesús dijo en **Juan 8:12**: *"Otra vez Jesús les habló, diciendo: Yo soy la luz del mundo; el que me sigue, no andará en tinieblas, sino que tendrá la luz de la vida."*

Cuando vivimos en la oscuridad, valoramos la luz verdadera. Pero cuando Jesús vive dentro de nosotros, sabemos que llevamos la luz de la vida. Esta luz se manifestará según nuestra fe en cómo vivamos. Entonces, nos convertimos en un faro para aquellos que viven desesperanzadamente en la oscuridad.

Cuando oramos, buscamos a Dios y recordamos quién es Él y lo que ha hecho por nosotros. Mantenemos sus promesas y preceptos en nuestra memoria. Sabemos que a través de su palabra, Dios hizo el universo. Él creó la luz. Curiosamente, la Biblia dice que la luz del mundo venía a esta tierra y se hizo carne. (**Juan 1:14**). En **Juan 1:4-5**, la palabra dice: *"En Él estaba la vida, y esa vida era la luz de toda la humanidad. La luz brilla en las tinieblas, y las tinieblas no la han vencido"*. Juan el Bautista vino a dar testimonio de esta luz que venía al mundo para preparar el camino para Él. Esta luz no fue recibida por el mundo, sino que fue rechazada por los hombres. En los versículos 9 y 10, la luz verdadera que da vida a todo hombre vino al mundo. El mundo fue hecho por medio de Él, y el mundo no lo reconoció. El mundo no lo recibió.

Jesús fue la luz del mundo mientras vivió en la tierra (**Juan 9:5**). Él es el faro que nos guía hacia el reino de la luz. Desde el principio, Dios planeó enviar a Jesús para restablecer una relación entre Él y nosotros. Quería reconciliarse y reunirse con nosotros, pero la humanidad permaneció en la oscuridad. Él nos prometió que no caminaríamos en la oscuridad si lo seguíamos.

Su deseo es equiparnos con lo que necesitamos para caminar en este mundo oscuro. De hecho, quiere que seamos la luz del mundo. **(Mateo 5:14)**

Además, el camino y los ojos son iluminados cuando caminamos en la luz. Somos perdonados y libres de juicio. Pero cuando guardamos el orgullo de la vida y creemos que tenemos el control, vivimos en la oscuridad sin discernimiento. **Juan 9:39** dice: *"Jesús dijo: "Para juicio he venido a este mundo para que los ciegos vean y los que ven se vuelvan ciegos."* Jesús dijo: *"Para juicio he venido a este mundo para que los ciegos vean y los que ven se vuelvan ciegos."*

En **Juan 9**, vemos la historia de Jesús sanando a un hombre ciego de nacimiento. Jesús demostró poder sobre la ceguera y la oscuridad. Él puede sanar la ceguera física y espiritual. La sanación del hombre ciego demostró el poder de Dios sobre la enfermedad y la debilidad, pero esta historia enseña principalmente sobre la ceguera espiritual.

Cuando vivimos en la oscuridad y no podemos ver, estamos perdidos. Es una sensación horrible. Algunas personas han vivido en una oscuridad profunda durante tanto tiempo que parece imposible encontrar la luz. Anhelamos ver con claridad, pero a veces, nuestros ojos aún no están listos para ver. El Señor abre nuestros ojos espirituales para obtener discernimiento a través de la meditación y la fe en la Palabra.

El Señor te restaurará y alimentará antes de guiarte hacia la luz. Por lo tanto, la única oración para llegar al Señor cuando estamos en la oscuridad es la oración de arrepentimiento. Diariamente, le pedimos al Señor que perdone nuestros pecados para que podamos acercarnos al trono de Dios. Entonces, nos acercamos al trono de Dios con valentía y mente abierta.

En **Lucas 24:45**, después de que Jesús resucitó, la Escritura dice: *"Entonces les abrió el entendimiento para que comprendieran las Escrituras"*. Jesús iluminó la mente de los discípulos para que comprendieran la Palabra de Dios y la misión en sus vidas.

Por esta razón, cuando oramos, la eficacia de la oración está correlacionada con nuestro entendimiento de Su voluntad. Si vivimos en la luz y tenemos la mente de Cristo, pediremos con humildad y conforme a Su voluntad y propósito.

En consecuencia, el verdadero ciego podía ver. Creía, recibía y obedecía la Palabra de Dios por gratitud. Por el contrario, los fariseos eran ciegos debido a su orgullo. No creían en Jesús, ni se sometían a Él. No veían con ojos espirituales sino con ojos carnales.

En **Mateo 16:23**, vemos la historia de Jesús reprendiendo a Pedro en un momento de desesperación. En ese momento, no estaba pensando ni hablando con entendimiento y ojos espirituales. Jesús se volvió y le dijo a Pedro: *"¡Quítate de delante de mí, Satanás! Eres un tropiezo para mí; no tienes en mente las preocupaciones de Dios, sino las de los hombres."*

Esta es exactamente la mentalidad de la que le pedimos a Dios en oración que nos deshagamos. Le pedimos a Dios que nos dé un Espíritu de claridad para ver Su voluntad para nuestras vidas. Es una batalla de la mente, que es el campo de juego favorito de Satanás.

Por eso nos preparamos para la batalla. El Señor nos equipó con la armadura para defendernos del enemigo y nos comunicamos diariamente con el Comandante en Jefe.

Entonces la oración es esa forma infalible de comunicación, pero debemos estar libres de interferencias en nuestra mente respecto a nuestra misión y nuestro propósito. Sabemos que cuanto más confiemos en nuestro Comandante en Jefe, más clara será nuestra misión y nuestra petición. **Efesios 6:17-18** dice:

"Tomen el yelmo de la salvación y la espada del Espíritu, que es la palabra de Dios. Oren en todo tiempo con toda oración y súplica en el Espíritu. En esto estén alerta y oren siempre por todo el pueblo de Dios."

Debemos proteger nuestra cabeza contra las tácticas del enemigo y orar en el Espíritu. Dependiendo de dónde nos encontremos en nuestro caminar hacia la luz, reconoceremos que nuestra fortaleza depende de nuestra oración diaria y meditación en Su Palabra. Ciertamente podemos encontrar el equilibrio en nuestras vidas cuando invertimos tiempo de calidad con Él. Iluminaremos a otros y cambiaremos el mundo un alma a la vez. No olvides que eres la luz del mundo, así que brilla y lleva a otros al camino de la luz.

Tu tiempo

¿Cómo cambia tu vida de oración al considerar a Jesús como la luz del mundo?
_____
_____
_____

Nombra las 3 cosas que aprendiste en esta lección acerca de Dios y tu vida de oración.
_____
_____

Autorreflexión y establecimiento de metas (Explique cómo cambiarían sus oraciones después de conocer a Jesús como la luz del mundo.)
_____
_____
_____
_____

Capítulo 26

Conociendo a Jesús: La Puerta

Muchas veces nos sentimos atrapados en situaciones desesperanzadoras en las que pensamos que no tenemos escape. Podemos estar viviendo las dolorosas consecuencias espirituales, emocionales y físicas por el pecado o la prueba de fuego que refina nuestra fe. Sea cual sea la situación, tenemos la seguridad de encontrar la puerta de Dios hacia la libertad. Encontramos muchas puertas ante nosotros, pero solo el Espíritu de Dios puede guiarnos hacia la puerta correcta. La vida nos ofrece una variedad de opciones, pero nosotros decidimos escuchar al Espíritu o escuchar a aquel que gobierna el mundo.

Por eso escuchamos al Espíritu. Nos damos cuenta de que todo lo que el Espíritu dice está alineado con la palabra de Dios. El Señor nos habla a través de su palabra, y las lecciones que aprendemos en la vida, a través de la prueba o de la tentación, tienen una lección física y espiritual detrás de ellas. En **Juan 10:9**, Jesús afirmó: *"Yo soy la puerta; el que por mí entrare, será salvo; y entrará, y saldrá, y hallará pastos."* Este versículo se refiere directamente a Jesús como la puerta por la que uno debe entrar para encontrar la salvación. Sin embargo, la promesa va más allá de la salvación. Si vamos al Padre a través de Jesús, se nos promete encontrar pastos. ¿Qué significa esto? Significa que encontraremos un lugar cómodo para descansar, comer y recuperarnos de la lucha por la que acabamos de pasar. Esto también implica protección y provisión por parte del Señor. ¿No te gustaría estar en un pasto verde, fresco y protegido con el Señor, lejos de las amenazas del enemigo?

Nuestro querido Señor Jesús enfatiza que él es la salida. En **Juan 10:7**: *"Entonces Jesús les dijo otra vez: De cierto, de cierto os digo: Yo soy la puerta de las ovejas"*. Jesús reitera su papel como puerta, usando la metáfora de la oveja y el pastor para ilustrar su papel protector y guía. Así que, según la Biblia, somos considerados o una oveja o una cabra.

Nuestros corazones revelan el tipo de criatura que somos, pero a medida que entregamos todo bajo sus pies, nuestros corazones comienzan a cambiar para volverse enseñables y moldeables como arcilla en las manos del Señor.

La naturaleza central de nuestro ser interior comienza a cambiar de tener el control a soltar el control y de escuchar a los demás a escuchar y obedecer la voz de Dios. Confiaremos plenamente en Él porque es inmutable y completamente confiable. Nunca nos dejará indefensos o abandonados.

Por lo tanto, no debemos estar ansiosos porque si deseamos escapar de nuestro estado o situación emocional hacia la libertad, Jesús nos está asegurando que Él es la puerta que debemos elegir. Sabemos inequívocamente, como dice **Juan 14:6**: *"Jesús le dijo: Yo soy el camino, y la verdad, y la vida; nadie viene al Padre, sino por mí."* Esto significa que no nos decepcionaremos. Sabemos que tomamos la decisión correcta porque no hay otro camino hacia el Padre. Jesús enfatiza que Él es el único camino hacia el Padre, destacando su papel único como mediador entre la humanidad y Dios. Hay mucho más que analizar de este versículo, pero se desarrollará en profundidad en otro capítulo.

Además, hay implicaciones espirituales positivas cuando pensamos en Jesús como la puerta. Existen lugares santos espirituales a los que se nos concede la entrada por la gracia de Dios, como dice **Hebreos 10:19-20**: *"Así que, hermanos, teniendo confianza para entrar en el Lugar Santísimo por la sangre de Jesucristo, por el camino nuevo y vivo que él nos abrió a través del velo, es decir, de su carne."*

Este pasaje habla del acceso VIP que tenemos como creyentes al Padre a través de la muerte y sacrificio de Jesús.

Luego, cuando somos salvos, la presencia del Espíritu Santo en nuestras vidas nos asegura acceso a la santa presencia de Dios las 24 horas del día, los 7 días de la semana, lo que significa que entramos en el ámbito del reino de Dios.

Este es un lugar espiritual de seguridad y descanso, pero debemos tener confianza, como lo expresa el versículo. Entramos en los lugares santos, el Lugar Santísimo, y nos convertimos en un sacerdocio real para servir al Señor. Esto indica que somos increíblemente privilegiados de tener acceso al amor, la seguridad, la protección y la existencia del Dios Altísimo. Esta es una bendición que no debemos dar por sentado.

Así, por la sangre del Cordero, obtenemos acceso a Su Espíritu como se afirma en **Efesios 2:18**: *"Porque por medio de él los unos y los otros tenemos entrada en un mismo Espíritu al Padre."* Pablo escribe acerca del acceso al Padre que tienen tanto judíos como gentiles a través de Jesús, enfatizando la unidad y la reconciliación. ¿Contamos las bendiciones que recibimos al pasar por esta puerta? Muchos siguen las puertas anchas que el príncipe de este mundo ofrece.

Él ofrece un espejismo de promesas falsas y temporales. Sin embargo, cuando leemos la oferta admirable e irresistible de Cristo, nos damos cuenta de que, aunque no muchos aceptan esta oferta, no hay comparación con las bendiciones eternas que recibimos a través de Jesús. Estas son bendiciones espirituales que no son comparables con las bendiciones del reino natural.

Curiosamente, la palabra "portón" aparece en la Biblia unas 144 veces, y la palabra "puerta" unas 180 veces. Esto significa que las puertas y portones desempeñaban un papel importante en la antigüedad en lo que respecta a las puertas del templo y las puertas de la muralla de la Santa Ciudad de Dios.

El Señor enfatiza la importancia de guardar y purificar el templo, por lo que incluso los levitas purificaban las puertas y la muralla.

Nehemías 12:25 dice: *"Cuando los sacerdotes y los levitas se hubieron purificado ceremonialmente, purificaron al pueblo, las puertas y la muralla."* Todo lo que concernía al templo o los vasos de Dios fue purificado. Hoy, nuestros cuerpos son el Santo Templo de Dios y nuestra mente es el portal que debe ser resguardado contra el ataque del enemigo.

Es por eso que usamos el casco de la salvación por medio de la fe. Sabemos que somos salvos y protegidos, pero sabemos que el diablo tratará de entrar astutamente por la puerta de nuestra mente a través de nuestros sentidos.

Por eso, cerramos todo portal posible que permita al enemigo entrar y establecerse en nuestra mente. **Proverbios 4:23** dice: *"Sobre toda cosa guardada, guarda tu corazón, porque de él mana toda tu vida."* Sabemos que el corazón y la mente son uno solo, por lo tanto, es lo que más debemos proteger, pero ¿cómo lo protegemos? Viviendo por el Espíritu y alimentándonos de la santa palabra de Dios.

Sabemos con certeza que sólo en Él somos salvos como dice **Hechos 4:12**: *"Y en ningún otro hay salvación, porque no hay otro nombre bajo el cielo, dado a los hombres, en que podamos ser salvos".* Este versículo subraya la exclusividad de Jesús como fuente de salvación y acceso a Dios. Él es la única puerta de salvación y protección de parte de Dios.

Por eso, sabemos sin duda razonable que si nuestro corazón busca la verdad de Dios, seremos guiados por la puerta que conduce a la vida eterna.

Esta es la esperanza y el alivio para nuestras almas cuando nos sentimos desesperados. Nos garantiza el acceso a la paz y la seguridad. Estos versículos ilustran en conjunto la enseñanza bíblica de que Jesús es la puerta de entrada a la vida espiritual y a la comunión eterna con Dios. Tenemos que tomar una decisión, y es posible que no tengamos otra oportunidad en la vida para hacerlo.

Tu tiempo

¿Cómo cambia tu perspectiva en la vida al saber que Jesús es la puerta a la vida eterna?
_____
_____
_____

Nombra los 3 beneficios de escoger a Jesús como la puerta de tu vida.
_____
_____
_____

Autorreflexión y establecimiento de metas. Explique cómo conocer a Jesús como la puerta de su vida puede ayudarle a tomar mejores decisiones en su vida espiritual.
_____
_____
_____

Capítulo 27

Conociendo a Jesús: El Buen Pastor

Imagina sentirte perdido en un lugar desolado donde no hay sombra ni agua. Te sientes exhausto, agotado, solo y desprotegido. Has pasado por mucho tratando de encontrar la manera de salir de ese desierto hacia pastos verdes, pero te das cuenta de que, a pesar de todos tus esfuerzos, no puedes encontrar pastos verdes por tu cuenta. Así es como se sienten las ovejas cuando se alejan del rebaño, y su nivel de desesperación es incuestionable. En este capítulo, exploraremos a Jesús como el Buen Pastor.

Mientras caminamos en este viaje, nos damos cuenta de que somos como ovejas. Necesitamos que alguien nos guíe, nos proteja y nos corrija cuando nos extraviamos. No somos llaneros solitarios en el reino de Dios. En **Juan 10**, el apóstol Juan muestra la imagen de Jesús como un buen pastor. Jesús comienza advirtiendo a los fariseos sobre traer ovejas por cualquier otro lado que no sea por la puerta porque el que entra por la puerta es un verdadero pastor. (**Juan 10:1-5**) Sabemos lo que Jesús dijo sobre sí mismo: "*Yo soy el camino.*"

El Señor nos reveló esta verdad para que no viviéramos en el error y tuviéramos claridad. A través de él, vamos al Padre cuando estamos perdidos. Por eso, debemos escucharlo. Al escucharlo en oración, nuestras oraciones nos brindan paz al reconocer que no estamos solos y que tenemos un pastor que nos guía a través de la puerta con su voz. Aprendemos a escucharlo y a reconocer su voz, lo que nos brinda consuelo y paz. No escuchamos a un extraño. Entrenamos nuestros oídos y mentes para dejar fuera de nuestra vida voces extrañas.

Además, el Señor nos llama por nuestro propio nombre. ¿No es eso reconfortante? Ser llamados por nuestro propio nombre significa que él personalmente se preocupa y te ama. Él recoge a los suyos y nos conduce gentilmente, y nosotros lo seguimos voluntariamente mientras escuchamos su suave voz.

Para los cristianos, es una verdadera bendición poder distinguir su voz entre tanto ruido y falsas voces en este mundo como en las redes sociales e incluso en nuestros propios círculos sociales. Como dice **Juan 10:5**: *"Pero a un extraño no seguirán jamás; al contrario, huirán de él, porque no reconocen la voz del extraño."* Es en ese momento de aparente confusión cuando oramos por claridad y discernimiento y de inmediato huimos porque no reconocemos la voz del extraño.

Entonces comenzamos a orar mientras corremos del extraño que nos persigue, del enemigo que nos acecha, y nos ponemos bajo la protección del Buen Pastor. En la presencia de nuestro Buen Pastor, sabemos que no nos faltará nada, y no temeremos. En **Salmos 23:1-6**, tenemos la seguridad de que el Buen Pastor nos cuida, nos hace descansar y restaura nuestra alma. Cuando estamos perdidos, nos lleva a un lugar seguro y nos refresca el alma. Nos guía por el camino correcto para que nos sintamos seguros. Cuando estamos confundidos, su cayado y su vara nos consuelan. Cuando tenemos hambre, nos unge con su Espíritu y llena nuestra copa hasta el máximo. Cuando nos sentimos deshonrados, nos prepara un banquete que ha preparado para nosotros y nos invita a morar en su presencia porque somos preciosos para él. ¡Qué maravilloso Pastor tenemos en Cristo!

Además, debemos estar atentos a las artimañas del enemigo. **Juan 10:7-10** dice: *"Por eso Jesús les dijo otra vez: "De cierto, de cierto os digo: Yo soy la puerta de las ovejas. Todos los que vinieron antes de mí son ladrones y salteadores, pero las ovejas no los escucharon. Yo soy la puerta; el que por mí entre, será salvo; entrará, y saldrá, y hallará pastos. El ladrón no viene sino para hurtar, matar y destruir; yo he venido para que tengan vida, y para que la tengan en abundancia."*

Jesús declaró que Él mismo es la puerta y que todos los demás son ladrones y salteadores. En el versículo 10, Jesús explicó que el ladrón vino para hurtar, matar y destruir. El enemigo intentará robar tu paz, tu alma, tus sueños y tu propósito. Vino aquí para destruir tu vida, tu familia y la obra de Dios en ti. Sin embargo, el Buen Pastor vino para darnos vida y para que la tengamos en abundancia. Al orar al Buen Pastor, reconocemos que somos como ovejas: tercos, ingenuos, tímidos y temerosos. Por eso nos aferramos al Señor para recibir nuestra protección y guía.

Confiar en el Buen Pastor es una obligación. Cuando reconocemos nuestra naturaleza humana defectuosa, nos damos cuenta de que necesitamos ayuda. Sabemos que necesitamos guía y le entregamos nuestro control al Pastor. Tratar de mantener el control de nuestras vidas es una ilusión.

Hay tantas cosas de las que nos preocupamos y que están fuera de nuestro control. Por eso, analizamos y nos damos cuenta de que debemos concentrarnos en recuperarnos mientras descansamos en los pastos verdes y, con suerte, continuar este viaje por el camino correcto, lejos del peligro y al lado de nuestro Buen Pastor.

No podemos subestimar el poder del enemigo. **1 Pedro 5:8** dice: *"El enemigo, como león rugiente, ronda alrededor buscando a quién devorar"*. Pedro nos insta a estar alerta y tener una mente sobria las 24 horas del dia. Esto significa vivir una vida equilibrada que dependa de Cristo y esté centrada en Él. Aprendemos a vivir en el presente, a tener una mente clara y a enfocarnos en nuestra misión cuando nos entregamos a Dios. El enemigo se aprovecha de nosotros cuando nos distraemos al concentrarnos en traumas pasados o vivimos en la incertidumbre del futuro.

Además, en **Juan 10:14-18**, Jesús se proclamó a sí mismo como el Buen Pastor. Él dio su vida por sus ovejas y nos conoce bien como nosotros debemos conocerlo a Él. Él desea traer a las ovejas perdidas a Su redil. Él quiere que seamos uno con Él. **Juan 17:3** dice: *"Y esta es la vida eterna: que te conozcan a ti, el único Dios verdadero, y a Jesucristo, a quien has enviado."* Conocer al Señor es clave para la salvación y la protección.

El Buen Pastor entregó su vida por nosotros por su propia voluntad, acuerdo y autoridad. Por lo tanto, comprender su sacrificio significa comprender su amor y recordar que él es el pan que necesitamos para alimentarnos en el camino, la luz que nos guía en nuestro viaje y el pastor que nos protege. Este conocimiento proporciona un significado más profundo cuando oramos.

Como resultado, no oraremos desde un lugar de carencia o desesperación. Oraremos sabiendo que Él está siempre con nosotros para satisfacer todas nuestras necesidades según su voluntad. Para concluir, el Buen Pastor es la fuente de todo lo que necesitamos. Él nunca nos dejará ni nos abandonará debido a su gran amor y cuidado por nosotros.

Tu tiempo

¿Cómo cambia tu perspectiva en tu vida espiritual cuando conoces al Buen Pastor y lo que Él hace por ti?
_____
_____
_____

Nombra las 3 bendiciones que aprendiste del Buen Pastor en este capítulo.
_____
_____
_____

Autorreflexión y establecimiento de metas (¿Cómo puede mejorar su vida de oración a medida que conoce a su Buen Pastor personal y qué cambios está considerando en su vida de oración y pensamiento?)
_____
_____
_____
_____

Capítulo 28

Conociendo a Jesús: La Resurrección y la Vida

Hemos aprendido hasta ahora que el Señor es el pan del cual nos alimentamos. Él es el agua viva que satisface nuestra sed. Él es la luz del mundo para ver nuestro camino. Él es la puerta y el Buen Pastor para mantenernos seguros y protegidos, y ahora Él es la resurrección y la vida, incluso si nos vemos muertos en nuestros pecados y dolores de la vida.

También hemos aprendido sobre algunos atributos de Dios: Yahweh, el Yo Soy el que Soy, que también es Jehová Rapha, nuestro sanador. Elohim, el creador del universo; El Shaddai, el Señor Dios Todopoderoso; Jehová Jireh, el Señor que provee; y Adonai, el Señor de Señores, que vive y se manifiesta en nuestras vidas cuando tenemos verdadera fe. No importa lo que pase, el Señor manifiesta Su poder y gloria a través de Su creación dondequiera que vayamos. Él tiene el poder de traerte a la vida física y espiritualmente.

En el relato de **Juan 11**, la muerte de Lázaro, el amigo de Jesús, vemos evidencia de la humanidad de Cristo al sentir dolor, tristeza y misericordia, pero lo más importante, Su poder sobre la vida y la muerte. Al leer **Juan 11:1-27**, notamos quién mandó a buscar a Jesús, María Magdalena, anteriormente una prostituta, quien secó los pies a Jesús. Alguien que ahora es una mujer de verdadera fe en Dios. En los versículos 3 y 4, vemos: *"Entonces las hermanas enviaron a decir a Jesús: 'Señor, mira, el que amas está enfermo.' Cuando Jesús lo oyó, dijo: 'Esta enfermedad no es para muerte, sino para gloria de Dios, para que el Hijo de Dios sea glorificado por ella."*

Exploremos la reacción de Jesús ante esta noticia. La reacción humana común habría sido actuar por desesperación y urgencia, pero Jesús sabía que el Padre quería que Él mostrara a sus seguidores que Él tenía poder sobre la vida y la muerte.

Sorprendentemente, Jesús, que amaba a Lázaro, Marta y María, en lugar de ir al rescate de Lázaro, sabiendo la gravedad de la situación, se quedó donde estaba dos días más. ¿Fue esta una decisión lógica? ¿Qué piensa usted? Pero el Señor sabía cuándo era el momento adecuado para actuar. A veces, nos encontramos en situaciones desesperadas en la vida en las que la mente humana lógica no puede comprender ni hacer nada, pero para Dios, nada es imposible.

Por eso, cuando oramos, recordamos que el tiempo de Dios es diferente al nuestro, y Él responde nuestras oraciones de una manera que no coincide con nuestra lógica. Porque Él sabe lo que necesitamos y cuándo lo necesitamos. Simplemente, no podemos verlo en el momento.

Esta declaración muestra el reconocimiento de Marta de la unción y el poder de Jesús, pero todavía sólo entendían una versión limitada de Jesús. Para Marta, fue necesario pasar por el dolor y la tristeza para poder ver el poder de Dios en acción. Jesús es la resurrección y la vida, así que si te sientes espiritualmente muerto, Él es capaz de devolverte la vida si crees.

No debemos dudar del Señor nuestro Dios. Cuando oramos, podemos llegar con dolor, frustración y un sentido de derrota, pero vamos a él sabiendo que nada es imposible para Dios porque Él cumple sus promesas y no es hombre para que mienta. **(Números 23:19) (Marcos 9:23; Mateo 19:26, Lucas 1:37)** Cuando realmente creemos en Él, comenzamos a creer en nosotros mismos y en lo que Dios puede hacer a través de nosotros. A partir de ese día, viviremos en el poder dado por Dios. "Porque no nos ha dado Dios un espíritu de cobardía, sino de poder, de amor y de dominio propio". **(1 Timoteo 1:7)**

Dios es el Dios de lo imposible, pero también tiene una voluntad y una misión en nuestras vidas. Quizás lo que le pides no es lo que Él quiere, o lo que crees que necesitas para tu vida puede no ser lo que Él quiere. Por eso, entregamos todo bajo sus pies y nos sentimos seguros sometiéndonos a Su voluntad. Lee **Job 11:18-19**. Job creía en Dios y sometía su voluntad a Él incluso en las peores situaciones.

En el momento oportuno, Jesús instruyó a sus discípulos que fueran a Judea. En ese momento, los discípulos le aconsejaron que no lo hicieran debido a la persecución. Aqui podemos ver cómo las circunstancias podrían haber impedido que Jesús hiciera la obra de Dios.

Sin embargo, Jesús siguió adelante y les dijo a los discípulos que no era un obstáculo para él porque los que viven en la oscuridad no pueden ver porque no hay luz en ellos. Esto quiso decir que la vida de un cristiano está llena de circunstancias controversiales que nos hacen dudar y podrían retrasar nuestro propósito en esta tierra.

Sin embargo, Jesús no se distrajo con eso. Jesús pudo concentrarse en su tarea. En ese momento, Jesús les dijo a los discípulos en los versículos 11 y 12: "Después de decir esto, agregó: 'Nuestro amigo Lázaro se ha dormido. Pero yo voy a despertarlo." Los discípulos le respondieron: Señor, si está dormido, se recuperará. Por supuesto, los discípulos no entendieron el verdadero significado de esto porque, como ellos, tendemos a ver con nuestros ojos humanos, no con nuestros ojos espirituales. Solo cuando somos verdaderamente guiados por el Espíritu de Dios es cuando podemos ver la vida como Dios la ve.

El Señor quiere que veamos más allá de los patrones de este mundo para entender nuestra misión: llevar a otros a la luz. Esta fue la intención de Jesús a través de este milagro. Jesús explicó la cruda realidad y lo imposible que estaba a punto de suceder ante sus ojos. En el versículo **14**, Jesús les explicó que Lázaro estaba muerto y que estaba contento de no haber estado allí para que pudieran creer en el poder de Dios sobre la vida y la muerte. Ya sabían muchas cosas sobre Jesús, pero este milagro era otra dimensión de Jesús que nunca habían visto.

A medida que continúa la historia, Jesús llega al lugar y se da cuenta de que Lázaro ha estado enterrado durante cuatro días. Jesús quería asegurarse de que Lázaro estaba realmente muerto. En ese momento, Marta se acercó a Jesús en el camino a Betania. Buscaba respuestas a todo su dolor.

Vemos la misma actitud en la historia de Lázaro. Marta hizo una poderosa confesión acerca de Jesús, y Él le dijo en el versículo 26: "¿Crees esto?" Y en el versículo **27**, Marta respondió: "Creo que tú eres el Mesías, el Hijo de Dios, que había de venir al mundo". Marta sabía quién era Jesús. Sabía que podía hacer milagros y que Jesús podía sanar a Lázaro. Nunca supo que podía resucitar a Lázaro. La situación era completamente desesperada.

Por otro lado, cuando María mandó a buscar a Jesús, lo vio y cayó a sus pies. ¿Qué significa? Marta fue a buscar a Jesús y María cayó a sus pies. Ambas reconocieron la autoridad de Jesús. Ambas lo amaban, y Jesús también las amaba. Jesús tuvo compasión de ellas hasta el punto de que también lloró (versículo 33). Sintió el dolor y la pena. ¿No crees ni por un segundo que Dios no conoce tu dolor? Los versículos **35 y 36** dicen: *"Jesús lloró."*

El versículo **38** continúa: *"Jesús se conmovió profundamente."* En el versículo **39**, Jesús quitó la piedra. Jesús quitó la piedra de tropiezo como Él puede quitar la piedra de tropiezo de nuestras vidas y devolvernos la vida. Este evento fue significativo no solo para ese momento sino para enseñarnos a creer que Él puede hacer lo imposible; el milagro que necesitamos en nuestras vidas. Jesús quitará la piedra que nos impide alinearnos con Él.

En ese momento, Marta se centró en las circunstancias. No podía ver más allá de sus ojos y perdió la esperanza. Lázaro estaba muerto, y era definitivo. El olor era pútrido. ¿No es así como vemos nuestras situaciones de vida? La respuesta de Jesús fue el antídoto y el milagro.

Jesús le respondió en el versículo **40**: *"María, ¿no te dije que si crees, verás la gloria de Dios?"* Inmediatamente quitó la piedra y oró al Santo Padre: *"Padre, te doy gracias porque me has escuchado. Yo sabía que siempre me escuchas, pero dije esto por el bien de la gente que está aquí, para que crean que tú me enviaste."*

Qué hermoso testimonio para nosotros y los testigos a su alrededor. Probablemente podría haberle hablado a Lázaro, pero quería dar un ejemplo a los creyentes. Oró y confirmó cómo el Señor Padre lo había escuchado.

Esa ocasión fue dada para el beneficio de los presentes, los que creyeron, y ahora para nuestro beneficio. Entonces, de inmediato, Lázaro salió como lo habían llamado. Le quitaron las vestiduras y lo dejaron ir. Las vestiduras de la muerte le fueron quitadas porque ahora estaba vivo. Lázaro estaba libre de la muerte.

Podemos cambiar nuestra perspectiva sobre cómo nuestro Señor opera en el poder de Su fuerza, así que cuando oramos, oramos con verdadera fe y confianza en que Él es capaz de hacer todo lo que quiera. No importa cuán grande o imposible sea tu problema, creemos que debemos entender que debemos confiar ciegamente en Dios sin importar lo que suceda. Le presentaremos nuestra petición, por imposible que parezca, y Dios decidirá. Debemos confiar en Su decisión.

¡Qué historia tan fantástica! Cuando consideramos las actitudes, etapas de fe de los creyentes y las acciones de Jesús, comprendemos cómo vemos nuestros problemas y cómo vemos a Dios obrando en nuestras vidas. Nada es imposible para Él, pero Él nos responderá en Su tiempo y según Su voluntad.

Tu tiempo

¿Cómo cambia tu perspectiva sobre la oración al saber que Dios tiene poder sobre la muerte y la vida?
_____
_____
_____
_____
_____

Nombra las 3 bendiciones que aprendiste de este capítulo.
_____
_____
_____
_____
_____

Autorreflexión y establecimiento de metas (¿Cómo cambiará tu vida de oración ahora que sabes que Dios puede hacer más de lo que imaginas?)
_____
_____
_____
_____
_____

Capítulo 29

Conociendo a Jesús: El Camino, la Verdad y la Vida

Nuestro querido Señor Jesús comienza un discurso con los discípulos con palabras de aliento en **Juan 14:1**, *"No se turbe vuestro corazón. Creéis en Dios, creed también en mí."* Jesús animó a sus discípulos a estar en paz creyendo en Él incluso cuando se enfrentaban al sufrimiento de Jesús en la cruz. Por eso, en El lavatorio de los pies, en el capítulo 13, el Señor declaró que sufriría. En su infinito amor por sus discípulos, Jesús quería que aprendieran a amarse unos a otros manteniéndose limpios del pecado.

No estaba hablando de limpiar los pies sucios; estaba hablando de mantenerse santos y servirse unos a otros. El objetivo principal de Jesús era hacer que pasaran de la mentalidad mundana a la espiritual. A estas alturas, los discípulos sabían que Jesús iba a sufrir una muerte horrible, por lo que comenzaron a sentirse desesperados, su fe se tambaleó y sus corazones se angustiaron. Necesitaban una fe verdadera y profunda para vencer. Para nosotros, no es diferente. Para tener éxito en nuestro camino, debemos estar arraigados en la fe; Por lo tanto, cuanto más fuerte sea la fe, más fuertes seremos en el espíritu para pelear la guerra espiritual contra nosotros.

En **Juan capítulo 14**, Jesús está preparando la palabra de Dios hecha carne, y vino a prometer a los discípulos y cristianos de hoy acerca de un lugar que había preparado para nosotros en el cielo. Sabemos que nuestro viaje tiene un destino final, que no está en la Tierra. Después de vivir y trabajar duro en esta tierra y tener días buenos y malos, sabemos que el cielo es el destino final. Tenemos la promesa de una tierra donde ya no sufriremos más, y nos regocijaremos con Dios para siempre. Es por eso que confiamos en Él mientras prepara un lugar para nosotros en el Cielo con Dios y los ángeles.

En los versículos 5 y 6, Jesús declaró que Él es el camino al Padre. Él nos está guiando para reunirnos con Él para siempre en un lugar sin dolor ni tristeza. En estos versículos, Tomás, el escéptico, era inquisitivo. Tenía una visión limitada de Cristo, de la misión y el propósito de Jesús. Éramos como él, al menos por algún tiempo, cuando nos convertimos en cristianos por primera vez. Sin embargo, la vulnerabilidad y la apertura de Tomás le permitieron darse cuenta de quién era Jesús. No reprimió sus verdaderos pensamientos para que Jesús lo corrigiera con delicadeza. Tomás no entendía a dónde iba Jesús.

Jesús dijo: *"Yo soy el camino, la verdad y la vida. Nadie viene al Padre sino por mí."* El versículo 7 es clave para nuestra fe. Jesús afirmó:

"Si me conocéis a mí, conoceréis también a mi Padre". Esta declaración abrió la puerta a la percepción sana y a cómo debemos ver y creer en Dios. Transforma nuestra fe de una experiencia alcanzable (ver) a una experiencia espiritual (creer). Jesús vino a mostrarnos que Él es el único. Él es todo lo que necesitamos para cada necesidad dada. La primera declaración Yo soy se refiere a las demandas físicas para guiarnos hacia lo espiritual: Él es nuestro pan y agua para nutrir nuestras almas.

Él es nuestra luz para ver nuestro camino. Él es la puerta y el Buen Pastor para guiarnos al cielo. Él es la resurrección y la vida cuando nos sentimos muertos por dentro, y ahora Él es el camino, la verdad y la vida. Conocer y discernir estas verdades es esencial cuando oramos porque nuestras oraciones se alinearán de acuerdo con el nivel de fe y conocimiento de Cristo.

Este conocimiento nos ayudará a ver la perspectiva de Dios aparte del mundo. Por lo tanto, nuestras oraciones serán acertadas y efectivas en consonancia con la voluntad de Dios.

Además, en el versículo 9, Jesús explica el significado de conocer a Dios Padre. Felipe no comprendió en ese momento que el Padre estaba en Jesús. Jesús y el Padre eran uno. Jesús enfatizó la palabra creer en este capítulo. En el versículo **10**, expresó:

"¿No crees que yo estoy en el Padre y el Padre en mí? Las palabras que yo os hablo, no las hablo por mi propia cuenta, sino que el Padre que vive en mí es el que hace las obras."

Jesús desafió a sus discípulos a creer en lo que Él dijo y en la evidencia que habían visto. Además, Jesús expresó que quien creyera haría la misma obra e incluso cosas mayores porque iba al Padre. Esta es una declaración asombrosa que nos desafía a ver si el tamaño de nuestra fe es tal que se ajusta a los tipos de obras de las que hablaba el Señor. Le mostramos al Señor a través de nuestra fe lo que podemos lograr. Muchas veces Él nos da más de lo que creemos que podemos manejar, como muchos profetas sintieron al principio, pero esa es nuestra percepción, no la de Dios.

Mientras caminamos en este camino, no podemos comprometernos a asistir a la iglesia tres veces por semana, decir algunas oraciones diarias, hacer una colecta y enviar una tarjeta mensual a los enfermos. Tenemos el desafío de hacer más por su reino. La declaración final en los versículos **13 y 14** nos desafía a pedir cualquier cosa en Su nombre, y Él lo hará. ¿Tenemos suficiente fe para confiar en que Dios obra en nuestras vidas y en quienes nos rodean?

Juan 14:6 nos enseña que nadie va a Dios Padre sino por medio de Él. Así es como Él es el camino; creemos que Él es la verdad. En **Juan 17:17**, Jesús oró: *"Santifícalos en tu verdad; tu palabra es verdad."* Jesús, la palabra de Dios encarnada, vino a mostrar la verdad porque su verdad y su palabra tienen el poder de santificarnos. Si estamos perdidos y en conflicto en lo que creemos, Él nos da claridad cuando lo buscamos sinceramente porque Él es la verdad.

Finalmente, Jesús es la vida. En **Juan 1:4-9** Jesús era vida en la luz de toda la humanidad, pero el que tenía vida vino y no fue reconocido por el mundo. Él es fuente de vida espiritual, y lo necesitamos para estar vivo en el Espíritu. Por lo tanto, vivimos, nos movemos y existimos en Él. **(Hechos 17:28)** Querido hermano y hermana, te animo a que le entregues todo a Aquel que dio tu vida y ofreció la verdad. Continúa en el camino hacia el Padre. Él quiere que estés equipado y tengas un solo corazón y una sola mente con Él mientras caminas en este viaje hacia la luz.

Tu tiempo

¿Cómo el conocer la verdad, el camino y la vida te ayuda a recorrer este viaje llamado vida?
_____
_____
_____
_____

Nombra las 3 nuevas verdades que aprendiste en este capítulo.
_____
_____
_____

Autorreflexión y establecimiento de metas (¿Cómo puedes vivir una vida equilibrada sabiendo que Jesús es tú y cómo este conocimiento afecta tu vida de oración?)
_____
_____
_____
_____

Capítulo 30

Conociendo a Jesús: La Vid Verdadera

Algunos de nosotros vivimos la vida sin rumbo, sin darnos cuenta de quiénes somos ni a dónde pertenecemos. Cuando no sabemos a dónde pertenecemos, vivimos en un caos interno mientras tratamos de descubrir nuestra identidad. Este estado del ser influye en el fundamento de nuestro propósito en la vida. En **Juan 15:1**, Jesús expresó: *"Yo soy la vid, y mi padre es el labrador."* Dios, el labrador, desea trabajar diariamente en nuestras vidas. Desea podar y cortar todo árbol que no dé fruto. En nuestras almas, hay una urgencia de pertenencia. Jesús dice que permanecemos en la vid para dar fruto cuando somos salvos. No podemos dar fruto solos. Debemos permanecer en la vid.

Dios limpia la vid y nutre sus ramas para que den mucho fruto. Por lo tanto, separados de la vid verdadera, no damos buen fruto. El versículo 6 aclara que si nos separamos de la rama, nos marchitaremos y moriremos, por lo que seremos desechados y enviados al fuego para ser quemados, pero tendremos una vida fructífera si permanecemos en Él. Jesús dijo que el mundo sabrá que somos sus discípulos por nuestros frutos, entonces, ¿qué producimos?

Mostramos que somos sus discípulos si Su palabra permanece en nosotros. En un capítulo anterior, hablamos de Jesús como el pan de vida y el agua que calma nuestra sed. Él es lo que necesitamos alimentarnos todos los días. Jesús quiere que demos mucho fruto para glorificar a nuestro Creador, nuestro Padre en el cielo.

En el versículo 9, se nos anima a permanecer en su amor. La única manera de permanecer en su amor es obedeciendo sus mandamientos. Si queremos que nuestro gozo sea completo, la obediencia no es negociable. La obediencia es el lenguaje del amor de Dios; es decir, la obedinecia es como nosotros agradamos a Dios

Esto requiere trabajo y voluntad, pero sabemos que la obediencia tiene una recompensa para nosotros. Solo entonces experimentarás una sensación de plenitud en tu vida. Esa es la verdadera paz que sobrepasa todo entendimiento.

Además, su mandamiento es: *"Que os améis unos a otros como yo os he amado; nadie tiene amor más grande que este: que uno ponga su vida por sus amigos."* **(versículos 11-13)**. Vemos qué gran amor tuvo Jesús por nosotros y entendemos que una vez que pertenecemos a su vid, tenemos un cambio de estatus. Pasamos de ser siervos a amigos si le obedecemos. Cuando obedecemos, aprendemos sabiduría y adquirimos discernimiento.

El Señor Jesús comparte su amor y sus promesas con nosotros. Nos volvemos uno con él queriendo lo mismo que él, que es la salvación de nuestras almas. Jesús nos reveló la voluntad de Dios. ¿No es asombroso que Dios quiera que conozcamos su voluntad? Así es como podemos dar el mismo fruto que Jesús, el Maestro.

Según el versículo 16, Él nos eligió y nos designó para que llevemos fruto y vivamos una vida con un propósito alineado con Él. Jesús pronunció brevemente su mandamiento de amarnos unos a otros. El amor es ese pegamento invisible que mantiene unido al pueblo de Dios y es el primer fruto mencionado en **Gálatas 5:22-26**. Dice: *"Mas el fruto del Espíritu es amor, gozo, paz, paciencia, benignidad, bondad, fe, mansedumbre y templanza. Contra tales cosas no hay ley."*

A medida que avanzamos en este viaje hacia la luz, estamos completamente equipados con el espíritu santo de Dios. Esto es lo que produce el Espíritu Santo. Si eres capaz de llevar este fruto, sabes que el espíritu santo está dentro de ti.

¡Qué regalo y bendición pensar que la presencia de Dios está en nuestras vidas! Necesitamos hacer espacio para que el Espíritu obre en nuestras vidas. Este es el tipo de fruto del que hablaba Jesús. Si vivimos en el Espíritu, necesitaremos purgar y mejorar todo lo que sea tóxico o dañino en nuestras vidas. El jardinero está dispuesto a limpiarnos y a mantenernos libres de todo aquello que nos impida dar fruto. Al Señor le encanta trabajar en su jardín y se alegra cuando ve mucho fruto en ti. Te ve crecer y hacerte más fuerte al nutrirte de la vid verdadera, Jesús. Te ve florecer en una hermosa flor con semillas. Cuando das fruto, Él ve su gloria en ti mientras llevas la semilla para que se esparza por todo el mundo.

Ahora, consideremos el tema de la unidad. Imagínate si nos cortamos una parte del cuerpo, ¿podría sobrevivir esa parte? De la misma manera, no podemos sobrevivir si nos mantenemos alejados de Él. Nos volvemos uno con Él en el Espíritu y nos damos cuenta de que somos el fruto de la vid, ya que estamos apegados a la fuente primaria de vida y nos alimentamos de ella. Sabemos que dependemos completamente de Él. Ningún otro puede alimentarnos si decidimos vivir por el Espíritu. Él es la verdad, el camino y la vida. ¡Él es nuestra fuente de energía y vida!

Entonces, mostraremos al mundo el verdadero sabor del fruto de la vid porque estamos apegados a Su enseñanza y nos alimentamos de Su palabra poderosa. Él es la fuente principal de nuestra fuerza y poder. El poder de las palabras de Jesús es transformador y cambia nuestras vidas. Por eso sus palabras deben permanecer en nosotros. Esto significa que debemos hacer espacio para su palabra renovando nuestra mente. Permanecer en El, significa vida y excelencia en nuestras vidas.

Tu tiempo

¿Qué pasa cuando no permanecemos en la palabra de Dios?
_____
_____
_____
_____

Nombra 3 cosas importantes que debes hacer para permanecer en Él.
_____
_____
_____
_____

Autorreflexión y establecimiento de metas. Escribe dos cosas concretas que harás para permanecer en Él.
_____
_____
_____
_____
_____

Capítulo 31

El Reposo del Guerrero

Es innegable reconocer que este camino hacia la luz implica y requiere todo nuestro tiempo, ganas y energías las cuales necesitan ser restaurados para vivir en el descanso de Dios. Cuando el camino se pone duro, nos cansamos y nos fatigamos a medida que el camino se vuelve áspero y empinado. Sin embargo, para nuestro alivio, sabemos que no caminamos solos. El Señor sabe cuán desesperadamente necesitamos descansar. El descanso es uno de esos elementos no negociables en el camino hacia la luz. Debemos cuidar nuestro cuerpo, mente, espíritu y alma y para esto necestamos descanso.

El Señor Dios nos dio el ejemplo. Él no fue un hombre para cansarse, pero igual descansó el séptimo día de todo lo que creó. En **Génesis 2:2**, Dios terminó y descansó de la obra que creó. Hoy, Jesús nos hace una invitación especial a los oyentes en **Mateo 11:28-30**:

"Venid a mí todos los que estáis cansados y agobiados, y yo os haré descansar. Llevad mi yugo sobre vosotros y aprended de mí, que soy manso y humilde de corazón; y hallaréis descanso para vuestras almas. Porque mi yugo es suave y mi carga ligera."

Jesús promete darnos descanso a todos los que vienen cansados y agobiados. Dios Padre e Hijo quieren que descansemos. El descanso es físico, espiritual y mental. Necesitamos descansar de las múltiples cargas de la vida. Por eso, en el libro de Hebreos, el autor se refiere a un descanso sabático parecido al de los israelitas. Un viaje que debería haber sido de 11 días se convirtió en un viaje de 40 años en el desierto debido a su desobediencia y su corazón endurecido. **(Hebreos 4:6)**. Desde que los israelitas salieron de Egipto, lucharon con la fe, a pesar de que vieron el increible poder de Dios a través de las Diez Plagas y el paso del Mar Rojo. Vieron la protección de Dios del Faraón.

No pudieron vivir en fe y gratitud. Su mentalidad estaba tan acostumbrada a vivir en la miseria de la esclavitud que les tomó toda una generación, 40 años, entender que Dios era su fuente de fortaleza y provisión.

De la misma manera, luchamos con el contentamiento, que no es lo mismo que conformarnos con menos de lo que merecemos. Simplemente luchamos con aceptar la idea de tener temporadas bajas en la vida para aprender lecciones sobre la resistencia y resiliencia en plena dependencia de Dios.

En el desierto, el Señor le habló a Moisés en **Levítico 25:4-7**:

"Pero el séptimo año la tierra tendrá un año de descanso sabático, un año de descanso sabático para el Señor. No sembrarás tus campos ni podarás tus viñas. No segarás lo que nazca de suyo ni cosecharás las uvas de tus parras abandonadas. La tierra tendrá un año de descanso. Todo lo que la tierra produzca durante el año sabático será alimento para ti, para tu siervo y tu sierva, para el jornalero y el residente temporal que viva entre ustedes, así como para tus ganados y los animales salvajes de tu tierra. Todo lo que la tierra produzca será comido."

En este pasaje, el Señor quería que la tierra, los animales y los hombres descansaran y le dedicaran ese año. Realmente quería que dependieran de él al 100%, tal como lo hace la naturaleza. Habría hecho falta mucha fe para dejarse llevar y dejar que Dios proveyera para ellos, pero los israelitas no creyeron ni confiaron en el Señor. Desafortunadamente, esa generación murió en el desierto, y las generaciones siguientes hicieron lo mismo cuando se establecieron en la Tierra prometida.

¿Qué implica la historia sobre nosotros los humanos? Creo que la raíz del problema es la falta de conocimiento de Dios, que es el fundamento de nuestra confianza y fe. Es por eso que no encontraron descanso para sus almas y se sintieron cansados a pesar de que eran libres. No vivieron en el momento presente. En cambio, se quejaron día y noche y extrañaron su vida en cautiverio. Los israelitas olvidaron lo horrible que era vivir en la oscuridad, lo retorcido, incomprensible y confundido que eran bajo la opresión sin ningún descanso. Se quedaron en el pasado.

Para nosotros hoy, lo que es crucial aquí es superar la opresión de la vida y obtener nuestro descanso físico, mental y espiritual. La pregunta es, ¿cómo? La respuesta es simple: aumentamos nuestra fe y obediencia a Dios. Dejamos de resistir los decretos de Dios y dejamos de tratar de controlar nuestras vidas a nuestra manera.

Aumentamos nuestro conocimiento de Dios para evitar la destrucción (**Oseas 4: 6**). Conocemos a Jesucristo para conocer al Padre y obtener la vida eterna (**Juan 17:3**). Nos alimentamos de la Palabra para equipar nuestras vidas (**2 Timoteo 3:16**). Oramos para aumentar nuestra fe (**Marcos 9:20-24**). Damos el salto de fe significa someterlo todo a Dios. Nos convertimos en sus soldados de servicio las 24 horas del día, los 7 días de la semana, mientras le servimos, no solo tres veces por semana durante unas horas. Sino con todo nuestro corazon, alma y cuerpo.

Necesitamos deshacemos de viejos paradigmas, hábitos e ideas. Entonces y sólo entonces podremos entender lo que dice el versículo 7: *"Si permanecéis en mí y permanecéis en mis palabras, pedid todo lo que queráis, y os será hecho."* Así es como mostramos al mundo que lo seguimos y que confiamos ne El no importa lo que este ocurriendo en nuestras vidas.

Él quiere que permanezcamos en su amor y tengamos completo gozo. En el versículo 18, sabemos y esperamos que el mundo nos odie como lo odiaron a él. Hay un precio que pagar si queremos pertenecer a la vid verdadera, Jesús. La pregunta es: ¿Es la vida que vivimos mejor que la vida oscura que teníamos en el pasado? Espero que lo sea, ya que valoramos nuestra estrecha conexión con Dios. Le pertenecemos a Él y con Él.

A medida que crece nuestra relación con Dios, nos damos cuenta de cuán espiritualmente nos sentimos impulsados por Dios y su presencia. En el **Salmo 63:1**, David escribió: *"Oh Dios, tú eres mi Dios; de madrugada te buscaré; mi alma tiene sed de ti; mi carne te anhela, como tierra seca y agotada donde no hay aguas."*

Cuanto más crecemos en el Espíritu, menos deseamos algo de este mundo y más buscamos fervientemente la presencia de Dios. Anhelamos permanecer en Su presencia para estar seguros. Nos damos cuenta de que ninguna agua ni ningún alimento es comparable a lo que provienen de la vid verdadera. Una vez que probamos esta agua, nunca más nos veremos empujados a buscar alimentarnos de otra fuente.

Su palabra es alimento para el alma. El **Salmo 42:1-2** describe la imagen perfecta de un alma sedienta: "*Como el ciervo brama por las corrientes de las aguas, así clama por ti, oh Dios, el alma mía. Mi alma tiene sed de Dios, del Dios vivo. ¿Cuándo vendré y me presentaré delante de Dios?*" Nuestro corazón y nuestra alma anhelan aguas sanadoras y refrescantes para saciar la sed espiritual que enfrentamos en este mundo. Experimentamos este alimento cuando meditamos y oramos en el Espíritu al Dios sanador. Cuando oramos por sanidad, restauración y fortaleza, Dios nos proporciona el alimento que nuestras almas necesitan.

Ahora sabemos que en Jesús tenemos absolutamente todo lo que necesitamos. En Él, estamos completos. Ahora sabemos lo fructíferos que podemos ser para su reino si permanecemos en Él. Estos versículos resaltan la profunda importancia de mantener una relación personal y cercana con Dios, buscándolo fervientemente y confiando en su fortaleza y guía en todos los aspectos de nuestras vidas.

Mientras le servimos, Él exige que descansemos en Él para evitar un agotamiento severo. El exige que establezcamos un tiempo para renovar nuestra mente (**Romanos 12:2**). Exige que entremos en su descanso espiritual (**Hebreos 4:8-9**). ¡Él cuidará de ti! Querido lector, te insto a que abras tu Biblia y medites en estos pasajes. Te animarán a vivir una vida equilibrada, a ser consciente y a vivir el momento presente, que es un regalo de Dios.

Desde el momento en que te levantes, tómate un tiempo en soledad para honrar tu descanso con Dios y deposita todas tus preocupaciones en el Señor porque Él cuida de ti (**1 Pedro 5:8**). No somos superhéroes. Somos soldados que confiamos en Dios como comandante en jete para cumplir con nuestras responsabilidades porque lo amamos y deseamos servirlo.

El Señor conoce tus batallas y desea que descansemos. Cuando vivimos en su descanso, no nos preocupamos por el pasado ni por el futuro. Seguimos trabajando en nuestra relación con Él. Querido amigo, es hora de renunciar a nuestro control. Haz lo que tengas que hacer para servirle bien mientras vives en su descanso. Finalmente, *"fortalécete en el Señor y en su fuerza poderosa."* (**Efesios 6:10-18**). Recuerda que cuando descansamos, recuperamos nuestra fuerza a través de la fe porque nunca dudamos de que él se preocupa por nosotros.

Tu tiempo

¿Qué haces para descansar física, espiritual, emocional y mentalmente?
_____
_____
_____
_____
_____

Nombra 3 cosas importantes que debes hacer o tomar tu descanso.
_____
_____
_____
_____
_____

Autorreflexión y establecimiento de metas (Escribe lo que harás semanalmente para encontrar tu descanso en Dios).
_____
_____
_____
_____
_____

Capítulo 32

La Promesa del Cielo

Querido lector, al finalizar este viaje, recuerda que hemos sido llamados a entrar en un reino espiritual donde ya no hay pecado, dolor ni tristeza. Este es un lugar maravilloso de descanso y gozo, un presente eterno en la presencia del Señor Todopoderoso. Pablo escribió en **2 Timoteo 4:7**: *"He peleado la buena batalla, he acabado la carrera, he guardado la fe."* Eres un peregrino que termina la carrera hacia el reino celestial. Eres un pueblo de fe, santo, justo y recto. Tu corazón está alineado de acuerdo con la naturaleza de Dios, y verás a Dios debido a tu corazón puro. (**Mateo 5:8**)

Sí, solo aquellos que han purificado y purificado sus corazones verán a Dios, y aquellos que tienen fe agradarán a Dios (Hebreos 1:6). Hay otras cualidades que se requieren de nosotros, como dice **Salmos 11:7**: *"Porque el Señor es justo, ama la justicia; los rectos verán su rostro."* Los oídos de Dios están abiertos a los rectos porque los rectos se comprometen a hacer justicia y rectitud, pero el rostro del Señor está contra los que practican el mal. (**1 Pedro 3:12**)

Por eso no podemos tener doble ánimo. No podemos pretender servir a dos señores. No podemos tener un pie en el mundo y un pie en el cielo. Si somos amigos del mundo, no podemos ser amigos de Dios. De hecho, nos convertiremos en enemigos de Dios como dice **Santiago 4:4**.

El Señor exige de ti que todo tu ser, cuerpo, alma y espíritu, sean uno con Él. Él es santo y no puede tener comunión con los impíos. No debemos participar en las obras infructuosas de las tinieblas, sino que debemos exponerlas viviendo una vida santa. (**Efesios 5:11**)

El Señor nos exige que crezcamos en perfección. Como dice **Mateo 5:48**: *"Sed, pues, vosotros perfectos, como vuestro Padre celestial es perfecto."* Esto es ser perfecto según los estándares de Dios, no del mundo. Significa estar completos y equipados por Dios. Nos purificamos de todo lo que proviene de la oscuridad, el mal y el pecado para volvernos uno con Dios en perfecta comunión.

Día a día, vamos haciendo lugar para las bendiciones espirituales, creando un cambio para bien en nuestra vida personal y espiritual, y nos damos cuenta de que esta experiencia humana no se trata de lo que hacemos día tras día, sino del Espíritu que llevamos y la misión que debemos cumplir en esta tierra. No estamos aquí simplemente para buscar los placeres o logros del mundo. Nuestra alma anhela desesperadamente ser uno con Dios en el cielo.

Aunque luchamos y batallamos con nuestra carne, Jesús nos animó a mantener el buen ánimo porque el Señor está preparando una increíble sede para nosotros en el cielo, como dice **Juan 14:2-3**:

"En la casa de mi Padre muchas moradas hay; si así no fuera, yo os lo hubiera dicho. Voy, pues, a preparar lugar para vosotros. Y si me fuere y os preparare lugar, vendré otra vez, y os tomaré a mí mismo, para que donde yo estoy, vosotros también estéis."

El Señor quiere asegurarse de que estemos en el mismo lugar, y quiere que seamos uno, no sólo conectados. Esto es lo que significa la palabra religión en latín: unir o reconectar.

El Señor quiere que entremos en comunión con Él porque nacimos a una esperanza viva gracias al sacrificio de Cristo y Su resurrección, como dice **1 Pedro 1:3-4**:

"Bendito el Dios y Padre de nuestro Señor Jesucristo, que según su gran misericordia nos hizo renacer para una esperanza viva, por la resurrección de Jesucristo de entre los muertos, para una herencia incorruptible, incontaminada e inmarcesible, reservada en los cielos para vosotros."

¿Quién querría perder esta clase de herencia? Nadie en buena conciencia espiritual podría perder esta oportunidad eterna. Además, el Señor nos consolará después de que hayamos soportado nuestros sufrimientos en la tierra. Él sabe lo mucho que hemos pasado por Su causa. Como dice **Apocalipsis 2:4**: *"Enjugará Dios toda lágrima de los ojos de ellos; y ya no habrá muerte, ni habrá más llanto, ni clamor, ni dolor; porque las primeras cosas pasaron."*

Estoy seguro de que todos estamos esperando con ansias este momento en el que veamos el rostro de nuestro Señor y Salvador para consolarnos de todas las luchas y dolores de la vida. Ciertamente creo que no hemos experimentado este tipo de amor en la tierra. Nadie puede darte esa paz que sobrepasa todo entendimiento y descanso para tu alma como nuestro Dios Todopoderoso.

Por eso, debemos buscar el rostro de Dios y acercarnos a Él, acercándonos a él para que él pueda acercarse a nosotros **(Santiago 4:8)**. Solo podemos acercarnos si tenemos un corazón puro.

Purificamos nuestras almas y corazones y dejamos atrás nuestra conducta de doble ánimo con el viejo yo al caminar en la luz como dice **1 Juan 1:5-7**: *"Pero si andamos en la luz, como él está en la luz, tenemos comunión unos con otros, y la sangre de Jesucristo, su Hijo, nos limpia de todo pecado."*¡Qué gran bendición es ser purificados, no por nuestros propios medios, sino a través de la preciosa sangre de Jesús! Su sangre nos transforma y nos otorga un lugar en el reino celestial, y caminamos en la luz y deseamos lo que Dios desea. Nuestra esperanza está en el cielo y no en la Tierra. Recordemos que somos seres espirituales viviendo una experiencia terrenal.

Por lo tanto, somos conscientes de que somos tan solo extranjeros caminando sobre esta tierra. **Filipenses 3:20-21** dice:

"Mas nuestra ciudadanía está en los cielos, de donde también esperamos al Salvador, al Señor Jesucristo; el cual transformará el cuerpo de la humillación nuestra, para que sea semejante al cuerpo de la gloria suya, por el poder con el cual puede también sujetar a sí mismo todas las cosas."

Qué promesa tan increíble saber que nuestros cuerpos serán transformados como lo hizo Jesús. Todas las enfermedades y defectos de la carne desaparecerán, y nuestros cuerpos vivirán eternamente.

Sabemos que nuestra actual vasija, atada al pecado, será destruida, pero tenemos una nueva esperanza, como se afirma en **2 Corintios 5:1**: *"Porque sabemos que si esta tienda de campaña terrestre en que vivimos se deshace, tenemos de Dios un edificio, una casa eterna en los cielos, no construida por manos humanas."*

Imagínese que alguien le dijera hoy que recibirá un auto nuevo con todas las comodidades, sin pago inicial y gratis. ¿Cómo se sentiría? Ese sentimiento es incomparable a lo que Él tiene reservado para nosotros.

Veamos cuántas buenas noticias tenemos hasta ahora. Veremos Su rostro y seremos consolados por nuestra resistencia. Tendremos un nuevo lugar preparado y se nos concederá una nueva ciudadanía en el cielo. Nuestros cuerpos también recibirán un transporte completo sin dolor ni pena.

Nuestro nombre será escrito en el Libro de la Vida y recibiremos una corona especial. Seremos reconocidos como dice **2 Timoteo 4:8**: "*Por lo demás, me está guardada la corona de justicia, la cual me entregará el Señor, juez justo, en aquel día; y no sólo a mí, sino también a todos los que aman su venida.*"

Seremos recompensados por nuestra vida justa por la eternidad. Esto no es temporal, sino una corona que se usa para reinar con Él por siempre. ¿Sabrías si tu corazón ya está animado? Por eso, recuerda lo que dijo Jesús en **Mateo 5:12**: "*Gozaos y alegraos, porque vuestra recompensa es grande en los cielos; porque así persiguieron a los profetas que fueron antes de vosotros.*"

Te animo a que sigas confiando en Dios y nunca desistas de esta carrera porque Dios no miente y cumplirá su promesa. Resiste firme en la fe hasta el final y entrégalo todo bajo sus pies. No importa cuál sea el problema, encontrarás descanso para tu alma incluso antes de llegar al cielo. Él es Jehová Rapha, nuestro sanador. Él te dará la fuerza que necesitas para terminar tu camino.

Finalmente te animo con estas palabras escritas por Pablo en **Colosenses 3:1-2**: *"Si, pues, habéis resucitado con Cristo, buscad las cosas de arriba, donde está Cristo sentado a la diestra de Dios. Poned la mira en las cosas de arriba, no en las de la tierra."*

Es mi esperanza que estos versículos os den ánimo y seguridad para vuestra alma, recordándoos las promesas del cielo y la vida eterna que os espera en la presencia de Dios. Personalmente te animo por todo lo que estás haciendo ahora mismo y por todo lo que harás para su gloria al terminar este camino hacia la Luz.

Tu tiempo

¿Qué esperas después de haber hecho todo tu trabajo en la Tierra?
_____
_____
_____
_____
_____
_____

Nombra tres cosas importantes que consideras de este capítulo para animarte en tu caminar hacia la luz.
_____
_____
_____
_____
_____

Autorreflexión y establecimiento de metas. Escribe cuál es tu próximo paso para avanzar en tu vida cristiana mientras consideras las promesas de Dios en la próxima vida.
_____
_____
_____
_____
_____

Mi Compañero de Oración

Cuando ores en privado, usa esta guía para ensayar y declarar quién eres y quién es Dios en tu vida.

¿Quién soy yo según Dios?	Quién es Dios según la Biblia!
Soy la criatura de Dios. (**Salmos 139:13-15.**)	**Elohim** - Dios, el Creador (Génesis 1:1)
Soy un hijo de Dios. (**Juan 1:12.**)	**Abba** - Padre (Romanos 8:15)
Yo soy el elegido. (**Efesios 1:4, 11.**)	**Yahweh (Jehová)** - El que existe por sí mismo (Éxodo 3:14)
Soy protegido. (**Isaías 55:11.**)	**Adonai** - Señor, Maestro (Génesis 15:2)
Soy amado. (**Juan 15:9.**)	**El Shaddai** - Dios Todopoderoso (Génesis 17:1)
Soy perdonado. (**1 Juan 1:9.**)	**Jehová-Jireh** - El Señor proveerá (Génesis 22:14)
Yo soy Santo. (**Efesios 1:4.**)	**Jehovah-Rapha** - El Señor que sana (Éxodo 15:26)
Yo soy justo. (**2 Corintios 5:21.**)	**Jehovah-Nissi** - El Señor es Mi Estandarte (Éxodo 17:15)
Soy justificado. (**Romanos 5:1.**)	**Jehová-Mekoddishkem** - El Señor que te santifica (Levítico 20:8)
Yo soy salvo. (**Efesios 2:8.**)	**Jehovah-Immeka** - El Señor está contigo (Jueces 6:12)
Yo soy fiel. (**1 Corintios 4:2.**)	**Jehovah-Tsidkenu** - El Señor Nuestra Justicia (Jeremías 23:6)
Yo soy posesión de Dios. (**1 Corintios 6:20.**)	**El Elyon** - El Dios Altísimo (Génesis 14:18)
Soy amigo de Cristo. (**Juan 15:15.**)	**El Roi** - El Dios que me ve (Génesis 16:13)
Soy un ciudadano del cielo. (**Filipenses 3:20.**)	**Jehovah-Go'el** - El Señor Mi Redentor (Isaías 49:26)
Soy adoptado como su hijo. (**Efesios 1:5.**)	**Jehovah-Sel'i** - El Señor Mi Roca (Salmo 18:2)
Soy victorioso. (**1 Corintios 15:57.**)	**Jehovah-Tsur** - El Señor Mi Roca (Salmo 19:14)

He nacido de nuevo. (I Pedro 1:23)	**Jehová-Shammah** - El Señor está allí (Ezequiel 48:35)
Soy liberado.(Colosenses 1:13.)	**Emanuel** - Dios con nosotros (Isaías 7:14, Mateo 1:23)
Soy libre. (**Romanos 8:2; Juan 8:32**)	**Jehovah-Magen** - El Señor Mi Escudo (Salmo 3:3)
Estoy cerca de Dios a través de la sangre de Cristo (**Efesios 2:13**)	**Jehovah-Hoshe'ah** - El Señor salva (Salmo 20:9)
Tengo acceso al Padre. (**Efesios 2:18.**)	**Jehová-Machsi** - El Señor Mi Refugio (Salmo 91:9)
Soy miembro de la familia de Dios. (**Efesios 2:19.**)	**Jehová-Chatsahi** - El Señor Mi Fuerza (Salmo 27:1)
Estoy seguro. (**Efesios 2:20.**)	**Jehová-Sabaoth** - El Señor de los Ejércitos (1 Samuel 1:3)
Me acerco a Dios con libertad y confianza. (**Efesios 3:12.**)	**Jehová-Rohi** - El Señor Mi Pastor (Salmo 23:1)
Tengo paz. (**Efesios 2:14.**)	**Jehová-Shalom** - El Señor es Paz (Jueces 6:24)
Soy obediente. (**Hechos 5:29.**)	**Qanna** - Celoso (Éxodo 34:14)
Soy una guerrera. (**Jueces 6:11-16,25-32**)	**Jehová-Chereb** - El Señor la Espada (Deuteronomio 33:29)

Usa este compañero de oración para empoderar tus oraciones. Hay poder en las palabras que declaramos en nuestra vida y en a vida de nuestra familia. Enséñales a tus hijos esta poderosa herramienta.

Una Oración Completa

Un acrónimo poderoso para la oración es ACAS, que significa Adoración, Confesión, Acción de gracias y Súplica. Este modelo ayuda a estructurar tu tiempo de oración de manera efectiva. La oración no se trata de fórmulas, pero nos ayuda a organizar nuestros pensamientos y a hacer una oración completa.

1. **Adoración**: Alaba a Dios por quién es, reconociendo su grandeza y amor.
Ejemplo: "Señor, eres santo y poderoso. Te adoro por tu amor infinito".

2. **Confesión**: confiesa tus pecados y defectos, buscando su perdón.
Ejemplo: "Padre, confieso mi impaciencia hoy. Perdóname y ayúdame a reflejar tu amor".

3. **Acción de gracias**: agradece a Dios por sus bendiciones y actos de bondad.
Ejemplo: "Gracias, Señor, por proveer para nuestras necesidades y oraciones respondidas".

4. **Súplica**: presenta tus peticiones a Dios para ti y para los demás.
Ejemplo: "Señor, por favor concede la sanación a mi amigo y guíame en mis decisiones".

El uso del modelo ACAS garantiza que tu tiempo de oración sea equilibrado y completo.

Practica creando una Oración Poderosa

¿Qué tan bien te conoces ahora?

(Escribe un breve párrafo sobre quién eres en Cristo a continuación)

En Mis Valores

Áreas de tu vida en qué has mejorado.

(Resalte o marque aquellos que crea que ha desarrollado o agregue los suyos propios.)

¿Cuáles son las áreas de tu vida en las que crees que has mejorado?
(Resalte o marque las que cree que ha cultivado, o agregue las suyas propias).

Mi conocimiento de Dios	Mi misión en Cristo	Mi relación con Dios
Mayor discernimiento	Mi relación con los demás	Mi paz interior
Aumento de la fe	Aumento de la confianza	Mi servicio a Dios
Mis hábitos de oración.	Vencer a la carne	Hábitos espirituales
Vivir en el presente	Mi comunión con la iglesia	Un cambio en mis valores
Mi autocontrol	Al rendirse a Dios	Mi piedad
Demolición de fortalezas	Renovando mi mente	Fruto del Espíritu
Confianza	Fuerza espiritual	Obediencia en Cristo

Recursos

https://journeyin2thelight.org/

Camino hacia la Luz
Youtube Channel

Concordancia Biblica

Lovescaping.org

Voz BLuna Reflectiones
Cristianas

Bible Gateway
Biblia en linea gratis

Consejero Espiritual
afirmaciones poderosas

Made in the USA
Columbia, SC
07 March 2025